PRÉFACE

La collection de guides de conversation "Tout ira bien!", publié par T&P Books, est conçue pour les gens qui voyagent par affaire ou par plaisir. Les guides de conversations contiennent le plus important - l'essentiel pour la communication de base. Il s'agit d'une série indispensable de phrases pour survivre à l'étranger.

Ce guide de conversation vous aidera dans la plupart des cas où vous devez demander quelque chose, trouver une direction, découvrir le prix d'un souvenir, etc. Il peut aussi résoudre des situations de communication difficile lorsque la gesticulation n'aide pas.

Ce livre contient beaucoup de phrases qui ont été groupées par thèmes. Vous trouverez aussi un petit dictionnaire de plus de 1500 mots importants et utiles.

Emmenez avec vous un guide de conversation "Tout ira bien!" sur la route et vous aurez un compagnon de voyage irremplaçable qui vous aidera à vous sortir de toutes les situations et vous enseignera à ne pas avoir peur de parler aux étrangers.

TABLE DES MATIÈRES

Prononciation	5
Liste des abréviations	7
Guide de conversation Français-Néerlandais	9
Dictionnaire concis	73

T&P Books Publishing

PRONONCIATION

Alphabet phonétique T&P	Exemple en néerlandais	Exemple en français
[a]	plasje	classe
[ā]	kraag	camarade
[o], [ɔ]	zondag	normal
[o]	geografie	normal
[ō]	oorlog	tableau
[e]	nemen	équipe
[ē]	wreed	aller
[ɛ]	ketterij	faire
[ɛ:]	crème	hacker
[ə]	tachtig	record
[i]	alpinist	stylo
[ī]	referee	industrie
[ʏ]	stadhuis	Portugal
[œ]	druif	neuf
[ø]	treurig	peu profond
[u]	schroef	boulevard
[ʉ]	zuchten	voyou
[ū]	minuut	sucre
[b]	oktober	bureau
[d]	diepte	document
[f]	fierheid	formule
[g]	golfclub	gris
[h]	horizon	[h] aspiré
[j]	jaar	maillot
[k]	klooster	bocal
[l]	politiek	vélo
[m]	melodie	minéral
[n]	netwerk	ananas
[p]	peper	panama
[r]	rechter	racine, rouge
[s]	smaak	syndicat
[t]	telefoon	tennis
[v]	vijftien	rivière
[w]	waaier	iguane

Alphabet phonétique T&P	Exemple en néerlandais	Exemple en français
[z]	**zacht**	gazeuse
[dʒ]	**manager**	adjoint
[ʃ]	**architect**	chariot
[ŋ]	**behang**	parking
[tʃ]	**beertje**	match
[ʒ]	**bougie**	jeunesse
[x]	**acht, gaan**	jota

LISTE DES ABRÉVIATIONS

Abréviations en français

adj	-	adjective
adv	-	adverbe
anim.	-	animé
conj	-	conjonction
dénombr.	-	dénombrable
etc.	-	et cetera
f	-	nom féminin
f pl	-	féminin pluriel
fam.	-	familiar
fem.	-	féminin
form.	-	formal
inanim.	-	inanimé
indénombr.	-	indénombrable
m	-	nom masculin
m pl	-	masculin pluriel
m, f	-	masculin, féminin
masc.	-	masculin
math	-	mathematics
mil.	-	militaire
pl	-	pluriel
prep	-	préposition
pron	-	pronom
qch	-	quelque chose
qn	-	quelqu'un
sing.	-	singulier
v aux	-	verbe auxiliaire
v imp	-	verbe impersonnel
vi	-	verbe intransitif
vi, vt	-	verbe intransitif, transitif
vp	-	verbe pronominal
vt	-	verbe transitif

Abréviations en néerlandais

mv.	-	pluriel

Les articles en néerlandais

de - genre commun
de/het - neutre, genre commun
het - neutre

GUIDE DE CONVERSATION NÉERLANDAIS

Cette section contient
des phrases importantes
qui peuvent être utiles dans
des situations courantes.
Le guide vous aidera
à demander des directions,
clarifier le prix, acheter
des billets et commander
des plats au restaurant

T&P Books Publishing

CONTENU DU GUIDE DE CONVERSATION

Les essentiels	12
Questions	15
Besoins	16
Comment demander la direction	18
Affiches, Pancartes	20
Transport - Phrases générales	22
Acheter un billet	24
L'autobus	26
Train	28
Sur le train - Dialogue (Pas de billet)	29
Taxi	30
Hôtel	32
Restaurant	35
Shopping. Faire les Magasins	37
En ville	39
L'argent	41

Le temps	43
Salutations - Introductions	45
Les adieux	47
Une langue étrangère	49
Les excuses	50
Les accords	51
Refus, exprimer le doute	52
Exprimer la gratitude	54
Félicitations. Vœux de fête	55
Socialiser	56
Partager des impressions. Émotions	59
Problèmes. Accidents	61
Problèmes de santé	64
À la pharmacie	67
Les essentiels	69

T&P Books Publishing

Les essentiels

Excusez-moi, ...	**Pardon, ...** [par'dɔn, ...]
Bonjour	**Hallo.** [halɔ]
Merci	**Bedankt.** [bə'dankt]
Au revoir	**Tot ziens.** [tɔt zins]
Oui	**Ja.** [ja]
Non	**Nee.** [nē]
Je ne sais pas.	**Ik weet het niet.** [ik wēt ət nit]
Où? | Où? | Quand?	**Waar? | Waarheen? | Wanneer?** [wār? | wār'hēn? | wa'nēr?]

J'ai besoin de ...	**Ik heb ... nodig** [ik hɛp ... 'nɔdəx]
Je veux ...	**Ik wil ...** [ik wil ...]
Avez-vous ... ?	**Hebt u ...?** [hɛpt ju ...?]
Est-ce qu'il y a ... ici?	**Is hier een ...?** [is hir ən ...?]
Puis-je ... ?	**Mag ik ...?** [max ik ...?]
s'il vous plaît (pour une demande)	**... alstublieft** [... alstu'blift]

Je cherche ...	**Ik zoek ...** [ik zuk ...]
les toilettes	**toilet** [twa'lɛt]
un distributeur	**geldautomaat** [xɛlt·autɔ'māt]
une pharmacie	**apotheek** [apɔ'tēk]
l'hôpital	**ziekenhuis** [zikənhœys]
le commissariat de police	**politiebureau** [pɔ\'litsi bʉ\'rɔ]
une station de métro	**metro** ['metrɔ]

un taxi	**taxi** [taksi]
la gare	**station** [sta'tsjɔn]

Je m'appelle ...	**Ik heet ...** [ik hēt ...]
Comment vous appelez-vous?	**Hoe heet u?** [hu hēt ju?]
Aidez-moi, s'il vous plaît.	**Kunt u me helpen alstublieft?** [kʉnt ju mə 'hɛlpən alstʉ'blift?]
J'ai un problème.	**Ik heb een probleem.** [ik hɛp en prɔ'blēm]
Je ne me sens pas bien.	**Ik voel me niet goed.** [ik vul mə nit xut]
Appelez une ambulance!	**Bel een ambulance!** [bɛl en ambʉ'lansə!]
Puis-je faire un appel?	**Mag ik opbellen?** [max ik ɔ'bɛlən?]

Excusez-moi.	**Sorry.** ['sɔri]
Je vous en prie.	**Graag gedaan.** [xrāx xə'dān]

je, moi	**Ik, mij** [ik, mɛj]
tu, toi	**jij** [jɛj]
il	**hij** [hɛj]
elle	**zij** [zɛj]
ils	**zij** [zɛj]
elles	**zij** [zɛj]
nous	**wij** [wɛj]
vous	**jullie** ['juli]
Vous	**u** [ju]

ENTRÉE	**INGANG** [inxaŋ]
SORTIE	**UITGANG** [œʏtxaŋ]
HORS SERVICE | EN PANNE	**BUITEN GEBRUIK** [bœʏtən xə'brœʏk]
FERMÉ	**GESLOTEN** [xə'slɔtən]

OUVERT	**OPEN** [ˈɔpən]
POUR LES FEMMES	**DAMES** [daməs]
POUR LES HOMMES	**HEREN** [ˈherən]

Questions

Où? (lieu)	**Waar?** [wār?]
Où? (direction)	**Waarheen?** [wār'hēn?]
D'où?	**Vanwaar?** [van'wār?]
Pourquoi?	**Waar?** [wār?]
Pour quelle raison?	**Waarom?** [wā'rɔm?]
Quand?	**Wanneer?** [wa'nēr?]

Combien de temps?	**Hoe lang?** [hu laŋ?]
À quelle heure?	**Hoe laat?** [hu lāt?]
C'est combien?	**Hoeveel?** [huvēl?]
Avez-vous … ?	**Hebt u …?** [hɛpt ju …?]
Où est …, s'il vous plaît?	**Waar is …?** [wār is …?]

Quelle heure est-il?	**Hoe laat is het?** [hu lāt is ət?]
Puis-je faire un appel?	**Mag ik opbellen?** [max ik ɔ'bɛlən?]
Qui est là?	**Wie is daar?** [wi is dār?]
Puis-je fumer ici?	**Mag ik hier roken?** [max ik hir 'rɔkən?]
Puis-je …?	**Mag ik …?** [max ik …?]

Besoins

Je voudrais ...	**Ik zou graag ...** [ik 'zau xrāx ...]
Je ne veux pas ...	**Ik wil niet ...** [ik wil nit ...]
J'ai soif.	**Ik heb dorst.** [ik hɛp dɔrst]
Je veux dormir.	**Ik wil gaan slapen.** [ik wil xān 'slapən]

Je veux ...	**Ik wil ...** [ik wil ...]
me laver	**wassen** [wasən]
brosser mes dents	**mijn tanden poetsen** [mɛjn 'tandən 'putsən]
me reposer un instant	**even rusten** [evən 'rʉstən]
changer de vêtements	**me omkleden** [mə 'ɔmkledən]

retourner à l'hôtel	**teruggaan naar het hotel** [te'rʉxxān nār hɛt hɔ'tɛːl]
acheter ...	**... kopen** [... 'kɔpən]
aller à ...	**gaan naar ...** [xān nār ...]
visiter ...	**bezoeken ...** [bə'zukən ...]
rencontrer ...	**ontmoeten ...** [ɔnt'mutən ...]
faire un appel	**opbellen** [ɔ'bɛlən]

Je suis fatigué /fatiguée/	**Ik ben moe.** [ik bɛn mu]
Nous sommes fatigués /fatiguées/	**We zijn moe.** [we zɛjn mu]
J'ai froid.	**Ik heb het koud.** [ik hɛp ət 'kaut]
J'ai chaud.	**Ik heb het warm.** [ik hɛp ət warm]
Je suis bien.	**Ik ben okay.** [ik bɛn ɔ'kɛj]

Il me faut faire un appel.	**Ik moet opbellen.** [ik mut ɔ'bɛlən]
J'ai besoin d'aller aux toilettes.	**Ik moet naar het toilet.** [ik mut nãr ət twa'lɛt]
Il faut que j'aille.	**Ik moet weg.** [ik mut wɛx]
Je dois partir maintenant.	**Ik moet nu weg.** [ik mut nʉ wɛx]

Comment demander la direction

Excusez-moi, ...	**Pardon, ...** [par'dɔn, ...]
Où est ..., s'il vous plaît?	**Waar is ...?** [wār is ...?]
Dans quelle direction est ... ?	**Welke richting is ...?** ['wɛlkə 'rixtiŋ is ...?]
Pouvez-vous m'aider, s'il vous plaît ?	**Kunt u me helpen alstublieft?** [kʉnt ju mə 'hɛlpən alstʉ'blift?]
Je cherche ...	**Ik zoek ...** [ik zuk ...]
La sortie, s'il vous plaît?	**Waar is de uitgang?** [wār is də 'œʏtxaŋ?]
Je vais à ...	**Ik ga naar ...** [ik xa nār ...]
C'est la bonne direction pour ...?	**Is dit de weg naar ...?** [is dit də wɛx nār ...?]
C'est loin?	**Is het ver?** [iz ət vɛr?]
Est-ce que je peux y aller à pied?	**Kan ik er lopend naar toe?** [kan ik ɛr 'lopənt nār tu?]
Pouvez-vous me le montrer sur la carte?	**Kunt u het op de plattegrond aanwijzen?** [kʉnt ju ət ɔp də platə'xrɔnt 'ānwɛjzən?]
Montrez-moi où sommes-nous, s'il vous plaît.	**Kunt u me aanwijzen waar we nu zijn?** [kʉnt ju mə 'ānwɛjzən wār wə nʉ zɛjn]
Ici	**Hier** [hir]
Là-bas	**Daar** [dār]
Par ici	**Deze kant uit** [dezə kant 'œʏt]
Tournez à droite.	**Rechtsaf.** [rɛxts'af]
Tournez à gauche.	**Linksaf.** [linksaf]
Prenez la première (deuxième, troisième) rue.	**eerste (tweede, derde) bocht** [ērstə ('twēdə, 'dɛrdə) bɔxt]

à droite	**rechtsaf** [rɛxts'af]
à gauche	**linksaf** [linksaf]
Continuez tout droit.	**Ga rechtuit.** [xa 'rɛxtœʏt]

Affiches, Pancartes

BIENVENUE!	**WELKOM!** ['wɛlkɔm!]
ENTRÉE	**INGANG** [inxaŋ]
SORTIE	**UITGANG** [œytxaŋ]
POUSSEZ	**DRUK** [drʉk]
TIREZ	**TREK** [trɛk]
OUVERT	**OPEN** ['ɔpən]
FERMÉ	**GESLOTEN** [xə'slɔtən]
POUR LES FEMMES	**DAMES** [daməs]
POUR LES HOMMES	**HEREN** ['herən]
MESSIEURS (m)	**HEREN (m)** ['herən]
FEMMES (f)	**DAMES (v)** [daməs]
RABAIS | SOLDES	**KORTINGEN** ['kɔrtiŋən]
PROMOTION	**UITVERKOOP** [œyt'vɛrkōp]
GRATUIT	**GRATIS** [xratis]
NOUVEAU!	**NIEUW!** [niu!]
ATTENTION!	**PAS OP!** [pas ɔp!]
COMPLET	**ALLE KAMERS BEZET** [ale 'kamərs bə'zɛt]
RÉSERVÉ	**GERESERVEERD** [xərezɛr'vērt]
ADMINISTRATION	**ADMINISTRATIE** [administ'ratsi]
PERSONNEL SEULEMENT	**UITSLUITEND PERSONEEL** [œytslœytənt pɛrsɔ'nēl]

ATTENTION AU CHIEN!	**PAS OP VOOR DE HOND!** [pas ɔp vōr də hɔnt!]
NE PAS FUMER!	**VERBODEN TE ROKEN!** [vər'bɔdən tə 'rɔkən!]
NE PAS TOUCHER!	**NIET AANRAKEN!** [nit 'ānrakən!]
DANGEREUX	**GEVAARLIJK** [xe'vārlək]
DANGER	**GEVAAR** [xe'vār]
HAUTE TENSION	**HOOGSPANNING** [hōxs'paniŋ]
BAIGNADE INTERDITE!	**VERBODEN TE ZWEMMEN** [vər'bɔdən tə 'zwemən]

HORS SERVICE | EN PANNE	**BUITEN GEBRUIK** [bœytən xə'brœyk]
INFLAMMABLE	**ONTVLAMBAAR** [ɔnt'flambār]
INTERDIT	**VERBODEN** [vər'bɔdən]
ENTRÉE INTERDITE!	**VERBODEN TOEGANG** [vər'bɔdən 'tuxaŋ]
PEINTURE FRAÎCHE	**NATTE VERF** [natə vɛrf]

FERMÉ POUR TRAVAUX	**GESLOTEN WEGENS VERBOUWING** [xe'slɔtən 'wexəns vər'bauwiŋ]
TRAVAUX EN COURS	**WERK IN UITVOERING** [wɛrk in œyt'vuriŋ]
DÉVIATION	**OMWEG** ['ɔmwɛx]

Transport - Phrases générales

avion	**vliegtuig** [vlixtœyx]
train	**trein** [trɛjn]
bus, autobus	**bus** [bʉs]
ferry	**veerpont** [vĕrpɔnt]
taxi	**taxi** [taksi]
voiture	**auto** [autɔ]

horaire	**dienstregeling** [dinst·'rexəliŋ]
Où puis-je voir l'horaire?	**Waar is de dienstregeling?** [wăr is də dinst·'rexəliŋ?]
jours ouvrables	**werkdagen** [wɛrk'daxən]
jours non ouvrables	**weekends** [wĩkɛnts]
jours fériés	**vakanties** [va'kantsis]

DÉPART	**VERTREK** [vər'trɛk]
ARRIVÉE	**AANKOMST** [ănkɔmst]
RETARDÉE	**VERTRAAGD** [vərt'răxt]
ANNULÉE	**GEANNULEERD** [xəanʉ'lĕrt]

prochain (train, etc.)	**volgende** ['vɔlxəndə]
premier	**eerste** [ĕrstə]
dernier	**laatste** [lătstə]

À quelle heure est le prochain ...?	**Hoe laat gaat de volgende ...?** [hu lăt xăt də 'vɔlxəndə ...?]
À quelle heure est le premier ...?	**Hoe laat gaat de eerste ...?** [hu lăt xăt də 'ĕrstə ...?]

À quelle heure est le dernier ...?	**Hoe laat gaat de laatste ...?** [hu lāt xāt də 'lātstə ...?]
correspondance	**aansluiting** [ānslœγtiŋ]
prendre la correspondance	**overstappen** [ɔvər'stapən]
Dois-je prendre la correspondance?	**Moet ik overstappen?** [mut ik ɔvər'stapən?]

Acheter un billet

Où puis-je acheter des billets?	**Waar kan ik kaartjes kopen?** [wār kan ik 'kārtjəs 'kɔpən?]
billet	**kaartje** [kārtjə]
acheter un billet	**een kaartje kopen** [ən 'kārtjə 'kɔpən]
le prix d'un billet	**prijs van een kaartje** [prɛjs van ən 'kārtjə]

Pour aller où?	**Waarheen?** [wār'hēn?]
Quelle destination?	**Naar welk station?** [nār wɛlk sta'tsjɔn?]
Je voudrais ...	**Ik heb ... nodig** [ik hɛp ... 'nodəx]
un billet	**een kaartje** [ən 'kārtjə]
deux billets	**twee kaartjes** [twē 'kārtjəs]
trois billets	**drie kaartjes** [dri 'kārtjəs]

aller simple	**enkel** ['ɛnkəl]
aller-retour	**retour** [re'tu:r]
première classe	**eerste klas** [ērstə klas]
classe économique	**tweede klas** [twēdə klas]

aujourd'hui	**vandaag** [van'dāx]
demain	**morgen** ['mɔrxən]
après-demain	**overmorgen** [ɔvər'mɔrxən]
dans la matinée	**s morgens** [s 'mɔrxəns]
l'après-midi	**s middags** [s 'midaxs]
dans la soirée	**s avonds** [s 'avɔnts]

siège côté couloir	**zitplaats aan het gangpad** [zitplāts ān ət 'xaŋpat]
siège côté fenêtre	**zitplaats bij het raam** [zitplāts bɛj ət rām]
C'est combien?	**Hoeveel?** [huvēl?]
Puis-je payer avec la carte?	**Kan ik met een creditcard betalen?** [kan ik mɛt en 'kredit·kart bə'talən?]

L'autobus

bus, autobus	**bus** [bʉs]
autocar	**intercity bus** [inter'siti bʉs]

arrêt d'autobus	**bushalte** [bʉs'haltə]
Où est l'arrêt d'autobus le plus proche?	**Waar is de meest nabij gelegen bushalte?** [wār is də mēst na'bɛj xə'lexən bʉs'haltə?]

numéro	**nummer** [nʉmər]
Quel bus dois-je prendre pour aller à ...?	**Met welke bus kan ik naar ... gaan?** [mɛt 'wɛlkə bʉs kan ik nār ... xān?]
Est-ce que ce bus va à ...?	**Gaat deze bus naar ...?** [xāt 'dezə bʉs nār ...?]
L'autobus passe tous les combien?	**Hoe dikwijls rijden de bussen?** [hu 'dikwəls 'rɛjdən də 'bʉsən?]

chaque quart d'heure	**om het kwartier** [ɔm ət kwar'tIr]
chaque demi-heure	**om het half uur** [ɔm ət half ūr]
chaque heure	**om het uur** [ɔm ət ūr]
plusieurs fois par jour	**verschillende keren per dag** [vər'sxiləndə 'kerən pər dax]
... fois par jour	**... keer per dag** [... kēr pər dax]

horaire	**dienstregeling** [dinst·'rexəliŋ]
Où puis-je voir l'horaire?	**Waar is de dienstregeling?** [wār is də dinst·'rexəliŋ?]

À quelle heure passe le prochain bus?	**Hoe laat vertrekt de volgende bus?** [hu lāt vər'trɛkt də 'vɔlxəndə bʉs?]
À quelle heure passe le premier bus?	**Hoe laat vertrekt de eerste bus?** [hu lāt vər'trɛkt də 'ērstə bʉs?]
À quelle heure passe le dernier bus?	**Hoe laat vertrekt de laatste bus?** [hu lāt vər'trɛkt də 'lātstə bʉs?]

arrêt	**halte** [haltə]
prochain arrêt	**volgende halte** [vɔlxəndə 'haltə]
terminus	**eindstation** [ɛjnt sta'tsjɔn]
Pouvez-vous arrêter ici, s'il vous plaît.	**Hier stoppen alstublieft.** [hir 'stɔpən alstʉ'blift]
Excusez-moi, c'est mon arrêt.	**Pardon, dit is mijn halte.** [par'dɔn, dit is mɛjn 'haltə]

Train

train	**trein** [trɛjn]
train de banlieue	**pendeltrein** ['pendəl trɛjn]
train de grande ligne	**langeafstandstrein** [laŋe·'afstants·trɛjn]
la gare	**station** [sta'tsjɔn]
Excusez-moi, où est la sortie vers les quais?	**Pardon, waar is de toegang tot het perron?** [par'dɔn, wār is də 'tuxaŋ tɔt ət pɛ'rɔn?]

Est-ce que ce train va à …?	**Gaat deze trein naar …?** [xāt 'dezə trɛjn nār …?]
le prochain train	**volgende trein** ['vɔlxəndə trɛjn]
À quelle heure est le prochain train?	**Hoe laat gaat de volgende trein?** [hu lāt xāt də 'vɔlxəndə trɛjn?]
Où puis-je voir l'horaire?	**Waar is de dienstregeling?** [wār is də dinst·'rexəliŋ?]
De quel quai?	**Van welk perron?** [van wɛlk pɛ'rɔn?]
À quelle heure arrive le train à …?	**Wanneer komt de trein aan in …?** [wa'nēr kɔmt də trɛjn ān in …?]

Pouvez-vous m'aider, s'il vous plaît?	**Kunt u me helpen alstublieft?** [kʊnt ju mə 'hɛlpən alstu'blift?]
Je cherche ma place.	**Ik zoek mijn zitplaats.** [ik zuk mɛjn 'zitplāts]
Nous cherchons nos places.	**Wij zoeken onze zitplaatsen.** [wɛj 'zukən 'ɔnzə 'zitplātsen]
Ma place est occupée.	**Mijn zitplaats is bezet.** [mɛjn 'zitplāts is bə'zɛt]
Nos places sont occupées.	**Onze zitplaatsen zijn bezet.** [ɔnzə 'zitplātsen zɛjn bə'zɛt]

Excusez-moi, mais c'est ma place.	**Sorry, maar dit is mijn zitplaats.** [sɔri, mār dit is mɛjn 'zitplāts]
Est-ce que cette place est libre?	**Is deze zitplaats bezet?** [is 'dezə 'zitplāts bə'zɛt?]
Puis-je m'asseoir ici?	**Mag ik hier zitten?** [max ik hir 'zitən?]

Sur le train - Dialogue (Pas de billet)

Votre billet, s'il vous plaît.	**Uw kaartje alstublieft.** [ʉw 'kārtjə alstʉ'blift]
Je n'ai pas de billet.	**Ik heb geen kaartje.** [ik hɛp xēn 'kārtjə]
J'ai perdu mon billet.	**Ik heb mijn kaartje verloren.** [ik hɛp mɛjn 'kārtjə vər'lorən]
J'ai oublié mon billet à la maison.	**Ik heb mijn kaartje thuis vergeten.** [ik hɛp mɛjn 'kārtjə thœys vər'xetən]

Vous pouvez m'acheter un billet.	**U kunt een kaartje van mij kopen.** [ju kʉnt en 'kārtjə van mɛj 'kopən]
Vous devrez aussi payer une amende.	**U moet ook een boete betalen.** [ju mut ōk en 'butə bə'talən]
D'accord.	**Okay.** [ɔ'kɛj]
Où allez-vous?	**Waar gaat u naartoe?** [wār xāt ju nārtu?]
Je vais à ...	**Ik ga naar ...** [ik xa nār ...]

Combien? Je ne comprend pas.	**Hoeveel kost het? Ik versta het niet.** [huvēl kɔst ət? ik vərs'ta ət nit]
Pouvez-vous l'écrire, s'il vous plaît.	**Schrijf het neer alstublieft.** [sxrɛjf ət nēr alstʉ'blift]
D'accord. Puis-je payer avec la carte?	**Okay. Kan ik met een creditcard betalen?** [ɔ'kɛj. kan ik mɛt en 'kredit·kart bə'talən?]
Oui, bien sûr.	**Ja, dat kan.** [ja, dat kan]

Voici votre reçu.	**Hier is uw ontvangstbewijs.** [hir is ʉw ɔnt'faŋst·bə'wɛjs]
Désolé pour l'amende.	**Sorry voor de boete.** [sɔri vōr də 'butə]
Ça va. C'est de ma faute.	**Maakt niet uit. Het is mijn schuld.** [mākt nit œyt hɛt is mɛjn sxʉlt]
Bon voyage.	**Prettige reis.** ['prɛtixə rɛjs]

Taxi

taxi	**taxi** [taksi]
chauffeur de taxi	**taxi chauffeur** [taksi ʃɔ'før]
prendre un taxi	**een taxi nemen** [en 'taksi 'nemən]
arrêt de taxi	**taxistandplaats** [taksi-'stantplāts]
Où puis-je trouver un taxi?	**Waar kan ik een taxi nemen?** [wār kan ik en 'taksi 'nemən?]
appeler un taxi	**een taxi bellen** [en 'taksi 'bɛlən]
Il me faut un taxi.	**Ik heb een taxi nodig.** [ik hɛp en 'taksi 'nɔdəx]
maintenant	**Nu onmiddellijk.** [nʉ ɔn'midələk]
Quelle est votre adresse?	**Wat is uw adres?** [wat is ʉw ad'rɛs?]
Mon adresse est ...	**Mijn adres is ...** [mɛjn ad'rɛs is ...]
Votre destination?	**Uw bestemming?** [ʉw bəs'tɛmiŋ?]
Excusez-moi, ...	**Pardon, ...** [par'dɔn, ...]
Vous êtes libre ?	**Bent u vrij?** [bɛnt ju vrɛj?]
Combien ça coûte pour aller à ...?	**Hoeveel kost het naar ...?** [huvēl kɔst ət nār ...?]
Vous savez où ça se trouve?	**Weet u waar dit is?** [wēt ju wār dit is?]
À l'aéroport, s'il vous plaît.	**Luchthaven alstublieft.** [lʉxt'havən alstʉ'blift]
Arrêtez ici, s'il vous plaît.	**Hier stoppen alstublieft.** [hir 'stɔpən alstʉ'blift]
Ce n'est pas ici.	**Het is niet hier.** [hɛt is nit hir]
C'est la mauvaise adresse.	**Dit is het verkeerde adres.** [dit is ət vər'kērdə ad'rɛs]

tournez à gauche	**Linksaf.** [linksaf]
tournez à droite	**Rechtsaf.** [rɛxts'af]

Combien je vous dois?	**Hoeveel ben ik u schuldig?** [huvēl bɛn ik ju 'sxʉldəx?]
J'aimerais avoir un reçu, s'il vous plaît.	**Kan ik een bon krijgen alstublieft.** [kan ik en bɔn 'krɛjxən alstʉ'blift]
Gardez la monnaie.	**Hou het kleingeld maar.** [hau ət 'klɛjnxɛlt mār]

Attendez-moi, s'il vous plaît ...	**Wil u even op mij wachten?** [wil ju 'evən ɔp mɛj 'waxtən?]
cinq minutes	**vijf minuten** [vɛjf mi'nʉtən]
dix minutes	**tien minuten** [tin mi'nʉtən]
quinze minutes	**vijftien minuten** [vɛjftin mi'nʉtən]
vingt minutes	**twintig minuten** [twintəx mi'nʉtən]
une demi-heure	**een half uur** [ən half ūr]

Hôtel

Bonjour.	**Hallo.** [halɔ]
Je m'appelle ...	**Ik heet ...** [ik hēt ...]
J'ai réservé une chambre.	**Ik heb gereserveerd.** [ik hɛp xərezɛr'vērt]

Je voudrais ...	**Ik heb ... nodig** [ik hɛp ... 'nɔdəx]
une chambre simple	**een enkele kamer** [en 'ɛnkelə 'kamər]
une chambre double	**een tweepersoons kamer** [en twē·pɛr'sōns 'kamər]
C'est combien?	**Hoeveel kost dat?** [huvēl kɔst dat?]
C'est un peu cher.	**Dat is nogal duur.** [dat is 'nɔxal dūr]

Avez-vous autre chose?	**Zijn er geen andere mogelijkheden?** [zɛjn ɛr xēn 'andərə 'mɔxələkhedən?]
Je vais la prendre.	**Die neem ik.** [di nēm ik]
Je vais payer comptant.	**Ik betaal contant.** [ik bə'tāl kɔn'tant]

J'ai un problème.	**Ik heb een probleem.** [ik hɛp en prɔ'blēm]
Mon ... est cassé /Ma ... est cassée/	**Mijn ... is stuk.** [mɛjn ... is stʉk]
Mon /Ma/ ... ne fonctionne pas.	**Mijn ... doet het niet meer.** [mɛjn ... dut ət nit mēr]
télé	**TV** [te've]
air conditionné	**airco** ['ɛrkɔ]
robinet	**kraan** [krān]

douche	**douche** [duʃ]
évier	**lavabo** [lava'bɔ]
coffre-fort	**brandkast** [brantkast]

serrure de porte	**deurslot** [ˈdørslɔt]
prise électrique	**stopcontact** [stɔp kɔnˈtakt]
sèche-cheveux	**haardroger** [ˈhārˈdrɔxər]

Je n'ai pas ...	**Ik heb geen ...** [ik hɛp xēn ...]
d'eau	**water** [watər]
de lumière	**licht** [lixt]
d'électricité	**stroom** [strōm]

Pouvez-vous me donner ...?	**Kunt u mij een ... bezorgen?** [kʉnt ju mɛj en ... bəˈzɔrxən?]
une serviette	**een handdoek** [en ˈhanduk]
une couverture	**een deken** [en ˈdekən]
des pantoufles	**pantoffels** [panˈtɔfəls]
une robe de chambre	**een badjas** [en badjas]
du shampoing	**shampoo** [ʃʌmpō]
du savon	**zeep** [zēp]

Je voudrais changer ma chambre.	**Ik wil van kamer veranderen.** [ik wil van ˈkamər vəˈrandərən]
Je ne trouve pas ma clé.	**Ik kan mijn sleutel niet vinden.** [ik kan mɛjn ˈsløtel nit ˈvindən]
Pourriez-vous ouvrir ma chambre, s'il vous plaît?	**Kunt u mijn kamer openen alstublieft?** [kʉnt ju mɛjn ˈkamər ˈɔpenən alstʉˈblift?]
Qui est là?	**Wie is daar?** [wi is dār?]
Entrez!	**Kom binnen!** [kɔm ˈbinən!]
Une minute!	**Een ogenblikje!** [en ˈɔxənblikje!]
Pas maintenant, s'il vous plaît.	**Niet op dit moment alstublieft.** [nit ɔp dit mɔˈmɛnt alstʉˈblift]

Pouvez-vous venir à ma chambre, s'il vous plaît.	**Kom naar mijn kamer alstublieft.** [kɔm nār mɛjn ˈkamər alstʉˈblift]
J'aimerais avoir le service d'étage.	**Kan ik room service krijgen.** [kan ik rōm ˈsøːrvis ˈkrɛjxən]
Mon numéro de chambre est le ...	**Mijn kamernummer is ...** [mɛjn ˈkamərˈnʉmer is ...]

Je pars ...	**Ik vertrek ...** [ik vər'trɛk ...]
Nous partons ...	**Wij vertrekken ...** [wɛj vər'trɛkən ...]
maintenant	**nu onmiddellijk** [nʉ ɔn'midələk]
cet après-midi	**vanmiddag** [van'midax]
ce soir	**vanavond** [va'navɔnt]
demain	**morgen** ['mɔrxən]
demain matin	**morgenochtend** ['mɔrxən 'ɔxtənt]
demain après-midi	**morgenavond** [mɔrxən 'avɔnt]
après-demain	**overmorgen** [ɔvər'mɔrxən]

Je voudrais régler mon compte.	**Ik zou willen afrekenen.** [ik 'zɑu 'wilən 'afrekənən]
Tout était merveilleux.	**Alles was uitstekend.** [aləs was œyts'tekənt]
Où puis-je trouver un taxi?	**Waar kan ik een taxi nemen?** [wār kan ik en 'taksi 'nemən?]
Pourriez-vous m'appeler un taxi, s'il vous plaît?	**Wil u alstublieft een taxi bestellen?** [wil ju alstʉ'blift en 'taksi bəs'tɛlən?]

Restaurant

Puis-je voir le menu, s'il vous plaît?	**Kan ik het menu zien alstublieft?** [kan ik ət me'nʉ zin alstʉ'blift?]
Une table pour une personne.	**Een tafel voor één persoon.** [ən 'tafəl vōr en pɛr'sōn]
Nous sommes deux (trois, quatre).	**We zijn met z'n tweeën (drieën, vieren).** [we zɛjn mɛt zən 'twēɛn ('driɛn, 'virən)]
Fumeurs	**Roken** ['rɔkən]
Non-fumeurs	**Niet roken** [nit 'rɔkən]
S'il vous plaît!	**Hallo! Pardon!** [halɔ! par'dɔn!]
menu	**menu** [me'nʉ]
carte des vins	**wijnkaart** [wɛjnkārt]
Le menu, s'il vous plaît.	**Het menu alstublieft.** [hɛt me'nʉ alstʉ'blift]
Êtes-vous prêts à commander?	**Bent u zover om te bestellen?** [bɛnt ju 'zɔvər ɔm tə bəs'tɛlən?]
Qu'allez-vous prendre?	**Wat wenst u?** [wat wɛnst ju?]
Je vais prendre ...	**Voor mij ...** [vōr mɛj ...]
Je suis végétarien.	**Ik ben vegetariër.** [ik bɛn vexə'tarijər]
viande	**vlees** [vlēs]
poisson	**vis** [vis]
légumes	**groente** ['xruntə]
Avez-vous des plats végétariens?	**Hebt u vegetarische gerechten?** [hɛpt ju vexə'tarisə xə'rɛxtən?]
Je ne mange pas de porc.	**Ik eet niet varkensvlees.** [ik ēt nit 'varkənsvlēs]
Il /elle/ ne mange pas de viande.	**Hij /zij/ eet geen vlees.** [hɛj /zɛj/ ēt xēn vlēs]

Je suis allergique à ...	**Ik ben allergisch voor ...** [ik bɛn a'lerxis võr ...]
Pourriez-vous m'apporter ..., s'il vous plaît.	**Wil u mij ... brengen** [wil ju mɛj ... b'rɛŋən]
le sel | le poivre | du sucre	**zout | peper | suiker** [zaut | 'pepər | 'sœykər]
un café | un thé | un dessert	**koffie | thee | dessert** [kɔfi | tẽ | dɛ'sɛ:r]
de l'eau | gazeuse | plate	**water | met prik | gewoon** [watər | mɛt prik | xə'wõn]
une cuillère | une fourchette | un couteau	**een lepel | vork | mes** [en 'lepəl | vɔrk | mɛs]
une assiette | une serviette	**een bord | servet** [en bɔrt | sɛr'vɛt]

Bon appétit!	**Smakelijk!** [smakələk!]
Un de plus, s'il vous plaît.	**Nog een alstublieft.** [nɔx en alstʉ'blift]
C'était délicieux.	**Het was heerlijk.** [hɛt was 'hẽrlək]

---

l'addition | de la monnaie | le pourboire	**rekening | wisselgeld | fooi** [rekəniŋ | 'wisəl·xɛlt | fõj]
L'addition, s'il vous plaît.	**De rekening alstublieft.** [də 'rekəniŋ alstʉ'blift]
Puis-je payer avec la carte?	**Kan ik met een creditcard betalen?** [kan ik mɛt en 'kredit·kart bə'talən?]
Excusez-moi, je crois qu'il y a une erreur ici.	**Sorry, hier is een fout.** [sɔri, hir iz en 'faut]

Shopping. Faire les Magasins

Est-ce que je peux vous aider?	**Waarmee kan ik u van dienst zijn?** [wār'mē kan ik ju van dinst zɛjn?]
Avez-vous ... ?	**Hebt u ...?** [hɛpt ju ...?]
Je cherche ...	**Ik zoek ...** [ik zuk ...]
Il me faut ...	**Ik heb ... nodig** [ik hɛp ... 'nɔdəx]
Je regarde seulement, merci.	**Ik kijk even.** [ik kɛjk 'evən]
Nous regardons seulement, merci.	**Wij kijken even.** [wɛj 'kɛjkən 'evən]
Je reviendrai plus tard.	**Ik kom wat later terug.** [ik kɔm wat 'latər te'rʉx]
On reviendra plus tard.	**We komen later terug.** [we 'kɔmən 'latər te'rʉx]
Rabais | Soldes	**korting | uitverkoop** [kɔrtiŋ | 'œytverkōp]
Montrez-moi, s'il vous plaît ...	**Kunt u mij ... laten zien alstublieft?** [kʉnt ju mɛj ... 'latən zin alstu'blift?]
Donnez-moi, s'il vous plaît ...	**Kunt u mij ... geven alstublieft?** [kʉnt ju mɛj ... 'xevən alstu'blift?]
Est-ce que je peux l'essayer?	**Kan ik dit passen?** [kan ik dit 'pasən?]
Excusez-moi, où est la cabine d'essayage?	**Pardon, waar is de paskamer?** [par'dɔn, wār is də 'pas·kamər?]
Quelle couleur aimeriez-vous?	**Welke kleur wenst u?** ['wɛlkə 'klør wɛnst ju?]
taille | longueur	**maat | lengte** [māt | 'leŋtə]
Est-ce que la taille convient ?	**Past het?** [past ət?]
Combien ça coûte?	**Hoeveel kost het?** [huvēl kɔst ət?]
C'est trop cher.	**Dat is te duur.** [dat is tə dūr]
Je vais le prendre.	**Ik neem het.** [ik nēm ət]
Excusez-moi, où est la caisse?	**Pardon, waar moet ik betalen?** [par'dɔn, wār mut ik bə'talən?]

Payerez-vous comptant ou par carte de crédit?	**Betaalt u contant of met een creditcard?** [bə'tālt ju kɔn'tant ɔf mɛt en 'kredit·kart?]
Comptant | par carte de crédit	**contant | met een creditcard** [kɔn'tant | mɛt en 'kredit·kart]
Voulez-vous un reçu?	**Wil u een kwitantie?** [wil ju en kwi'tantsi?]
Oui, s'il vous plaît.	**Ja graag.** [ja xrāx]
Non, ce n'est pas nécessaire.	**Nee, hoeft niet.** [nē, huft nit]
Merci. Bonne journée!	**Bedankt. Een fijne dag verder!** [bə'dankt. en 'fɛjnə dax 'vɛrdər!]

En ville

Excusez-moi, ...	**Pardon, ...** [par'dɔn, ...]
Je cherche ...	**Ik ben op zoek naar ...** [ik bɛn ɔp zuk nār ...]

le métro	**de metro** [də 'metrɔ]
mon hôtel	**mijn hotel** [mɛjn ho'tɛl]
le cinéma	**de bioscoop** [də biɔ'skōp]
un arrêt de taxi	**een taxistandplaats** [en 'taksi·'stantplāts]

un distributeur	**een geldautomaat** [en xɛlt·autɔ'māt]
un bureau de change	**een wisselagent** [en 'wisəl·a'xɛnt]
un café internet	**een internet café** [en 'intərnɛt ka'fe]

la rue ...	**... straat** [... strāt]
cette place-ci	**dit adres** [dit ad'rɛs]

Savez-vous où se trouve ...?	**Weet u waar ... is?** [wēt ju wār ... is?]
Quelle est cette rue?	**Welke straat is dit?** [wɛlkə strāt is dit?]
Montrez-moi où sommes-nous, s'il vous plaît.	**Kunt u me aanwijzen waar we nu zijn?** [kʉnt ju mə 'ānwɛjzən wār wə nʉ zɛjn]

Est-ce que je peux y aller à pied?	**Kan ik er lopend naar toe?** [kan ik ɛr 'lɔpənt nār tu?]
Avez-vous une carte de la ville?	**Hebt u een plattegrond van de stad?** [hɛpt ju en platə'xrɔnt van də stat?]

C'est combien pour un ticket?	**Hoeveel kost de toegang?** [huvēl kɔst də 'tuxaŋ?]
Est-ce que je peux faire des photos?	**Kan ik hier foto's maken?** [kan ik hir 'fɔtɔs 'makən?]
Êtes-vous ouvert?	**Bent u open?** [bɛnt ju 'ɔpən?]

À quelle heure ouvrez-vous? **Hoe laat gaat u open?**
[hu lāt xāt ju 'ɔpən?]

À quelle heure fermez-vous? **Hoe laat sluit u?**
[hu lāt slœyt ju?]

L'argent

argent	**geld** [xɛlt]
argent liquide	**contant** [kɔn'tant]
des billets	**bankbiljetten** [bank·bi'ljetən]
petite monnaie	**kleingeld** [klɛjn·xɛlt]
l'addition | de la monnaie | le pourboire	**rekening | wisselgeld | fooi** [rekəniŋ | 'wisəl·xɛlt | fōj]
carte de crédit	**creditcard** [kredit·kart]
portefeuille	**portemonnee** [pɔrtəmɔ'nē]
acheter	**kopen** ['kɔpən]
payer	**betalen** [bə'talən]
amende	**boete** ['butə]
gratuit	**gratis** [xratis]
Où puis-je acheter ... ?	**Waar kan ik ... kopen?** [wār kan ik ... 'kɔpən?]
Est-ce que la banque est ouverte en ce moment?	**Is de bank nu open?** [is də bank nʉ 'ɔpən?]
À quelle heure ouvre-t-elle?	**Hoe laat gaat hij open?** [hu lāt xāt hɛj 'ɔpən?]
À quelle heure ferme-t-elle?	**Hoe laat sluit hij?** [hu lāt slœyt hɛj?]
C'est combien?	**Hoeveel?** [huvēl?]
Combien ça coûte?	**Hoeveel kost dit?** [huvēl kɔst dit?]
C'est trop cher.	**Dat is te duur.** [dat is tə dūr]
Excusez-moi, où est la caisse?	**Pardon, waar moet ik betalen?** [par'dɔn, wār mut ik bə'talən?]
L'addition, s'il vous plaît.	**De rekening alstublieft.** [də 'rekəniŋ alstʉ'blift]

Puis-je payer avec la carte?	**Kan ik met een creditcard betalen?** [kan ik mɛt en 'kredit·kart bə'talən?]
Est-ce qu'il y a un distributeur ici?	**Is hier een geldautomaat?** [is hir en xɛlt·autɔ'māt?]
Je cherche un distributeur.	**Ik zoek een geldautomaat.** [ik zuk en xɛlt·autɔ'māt]

Je cherche un bureau de change.	**Ik zoek een wisselagent.** [ik zuk en 'wisəl a'xɛnt]
Je voudrais changer ...	**Ik zou ... willen wisselen.** [ik 'zau ... 'wilən 'wisələn]
Quel est le taux de change?	**Wat is de wisselkoers?** [wat is də 'wisəl·kurs?]
Avez-vous besoin de mon passeport?	**Hebt u mijn paspoort nodig?** [hɛpt ju mɛjn 'paspõrt 'nɔdəx?]

Le temps

Quelle heure est-il?	**Hoe laat is het?** [hu lāt is ət?]
Quand?	**Wanneer?** [wa'nēr?]
À quelle heure?	**Hoe laat?** [hu lāt?]
maintenant | plus tard | après ...	**nu | later | na ...** [nʉ | 'latər | na ...]

une heure	**een uur** [en ūr]
une heure et quart	**kwart over een** [kwart 'ɔvər en]
une heure et demie	**half twee** [half twē]
deux heures moins quart	**kwart voor twee** [kwart vōr twē]

un | deux | trois	**een | twee | drie** [en | twē | dri]
quatre | cinq | six	**vier | vijf | zes** [vir | vɛjf | zɛs]
sept | huit | neuf	**zeven | acht | negen** [zevən | axt | 'nexən]
dix | onze | douze	**tien | elf | twaalf** [tin | ɛlf | twālf]

dans ...	**binnen ...** ['binən ...]
cinq minutes	**vijf minuten** [vɛjf mi'nʉtən]
dix minutes	**tien minuten** [tin mi'nʉtən]
quinze minutes	**vijftien minuten** [vɛjftin mi'nʉtən]
vingt minutes	**twintig minuten** [twintəx mi'nʉtən]

une demi-heure	**een half uur** [en half ūr]
une heure	**een uur** [en ūr]

dans la matinée	**s ochtends** [s 'ɔxtənts]
tôt le matin	**s ochtends vroeg** [s 'ɔxtənts vrux]
ce matin	**vanmorgen** [van'mɔrxən]
demain matin	**morgenochtend** ['mɔrxən 'ɔxtənt]

à midi	**in het midden van de dag** [in ət 'midən van də dax]
dans l'après-midi	**s middags** [s 'midaxs]
dans la soirée	**s avonds** [s 'avɔnts]
ce soir	**vanavond** [va'navɔnt]

la nuit	**s avonds** [s 'avɔnts]
hier	**gisteren** ['xistərən]
aujourd'hui	**vandaag** [van'dāx]
demain	**morgen** ['mɔrxən]
après-demain	**overmorgen** [ɔvər'mɔrxən]

Quel jour sommes-nous aujourd'hui?	**Wat is het vandaag?** [wat is ət van'dāx?]
Nous sommes ...	**Het is ...** [hɛt is ...]
lundi	**maandag** [māndax]
mardi	**dinsdag** [dinzdax]
mercredi	**woensdag** [wunzdax]

jeudi	**donderdag** [dɔndərdax]
vendredi	**vrijdag** [vrɛjdax]
samedi	**zaterdag** [zatərdax]
dimanche	**zondag** [zɔndax]

Salutations - Introductions

Bonjour.	**Hallo.** [halɔ]
Enchanté /Enchantée/	**Aangenaam.** [ānxənām]
Moi aussi.	**Insgelijks.** ['insxeləks]
Je voudrais vous présenter ...	**Mag ik u voorstellen aan ...** [max ik ju 'vōrstɛlən ān ...]
Ravi /Ravie/ de vous rencontrer.	**Aangenaam.** [ānxənām]

Comment allez-vous?	**Hoe gaat het met u?** [hu xāt ət mɛt ju?]
Je m'appelle ...	**Ik heet ...** [ik hēt ...]
Il s'appelle ...	**Dit is ...** [dit is ...]
Elle s'appelle ...	**Dit is ...** [dit is ...]
Comment vous appelez-vous?	**Hoe heet u?** [hu hēt ju?]
Quel est son nom?	**Hoe heet hij?** [hu hēt hɛj?]
Quel est son nom?	**Hoe heet zij?** [hu hēt zɛj?]

Quel est votre nom de famille?	**Wat is uw achternaam?** [wat is ʉw 'axtər·nām?]
Vous pouvez m'appeler ...	**Noem mij maar ...** [num mɛj mār ...]
D'où êtes-vous?	**Vanwaar komt u?** [van'wār kɔmt ju?]
Je suis de ...	**Ik kom van ...** [ik kɔm van ...]
Qu'est-ce que vous faites dans la vie?	**Wat is uw beroep?** [wat is ʉw bə'rup?]
Qui est-ce?	**Wie is dit?** [wi is dit?]
Qui est-il?	**Wie is hij?** [wi is hɛj?]
Qui est-elle?	**Wie is zij?** [wi is zɛj?]
Qui sont-ils?	**Wie zijn zij?** [wi zɛjn zɛj?]

C'est ...	**Dit is ...** [dit is ...]
mon ami	**mijn vriend** [mɛjn vrint]
mon amie	**mijn vriendin** [mɛjn vrin'din]
mon mari	**mijn man** [mɛjn man]
ma femme	**mijn vrouw** [mɛjn 'vrau]

mon père	**mijn vader** [mɛjn 'vadər]
ma mère	**mijn moeder** [mɛjn 'mudər]
mon frère	**mijn broer** [mɛjn brur]
ma sœur	**mijn zuster** [mɛjn 'zʉstər]
mon fils	**mijn zoon** [mɛjn zõn]
ma fille	**mijn dochter** [mɛjn 'dɔxtər]

C'est notre fils.	**Dit is onze zoon.** [dit is 'ɔnzə zõn]
C'est notre fille.	**Dit is onze dochter.** [dit is 'ɔnzə 'dɔxtər]
Ce sont mes enfants.	**Dit zijn mijn kinderen.** [dit zɛjn 'mɛjn 'kindərən]
Ce sont nos enfants.	**Dit zijn onze kinderen.** [dit zɛjn 'ɔnzə 'kindərən]

Les adieux

Au revoir!	**Tot ziens!** [tɔt zins!]
Salut!	**Doei!** [dui!]
À demain.	**Tot morgen.** [tɔt 'mɔrxən]
À bientôt.	**Tot binnenkort.** [tɔt binə'kɔrt]
On se revoit à sept heures.	**Tot om zeven uur.** [tɔt ɔm 'zevən ūr]
Amusez-vous bien!	**Veel plezier!** [vēl plə'zīr!]
On se voit plus tard.	**Tot straks.** [tɔt straks]
Bonne fin de semaine.	**Prettig weekend.** [prɛtəx 'wīkɛnt]
Bonne nuit.	**Goede nacht.** [xudə naxt]
Il est l'heure que je parte.	**ik moet opstappen.** [ik mut 'ɔpstapən]
Je dois m'en aller.	**Ik moet weg.** [ik mut wɛx]
Je reviens tout de suite.	**ik ben zo terug.** [ik bɛn zɔ te'rʉx]
Il est tard.	**Het is al laat.** [hɛt is al lāt]
Je dois me lever tôt.	**Ik moet vroeg op.** [ik mut vrux ɔp]
Je pars demain.	**Ik vertrek morgen.** [ik vər'trɛk 'mɔrxən]
Nous partons demain.	**Wij vertrekken morgen.** [wɛj vər'trɛkən 'mɔrxən]
Bon voyage!	**Prettige reis!** ['prɛtixə rɛjs!]
Enchanté de faire votre connaissance.	**Het was fijn u te leren kennen.** [hɛt was fɛjn ju tə 'lerən 'kɛnən]
Heureux /Heureuse/ d'avoir parlé avec vous.	**Het was een prettig gesprek.** [hɛt was ən 'prɛtəx xe'sprɛk]
Merci pour tout.	**Dank u wel voor alles.** [dank ju wɛl vōr 'aləs]

Je me suis vraiment amusé /amusée/	**ik heb ervan genoten.** [ik hɛp ɛr'van xe'nɔtən]
Nous nous sommes vraiment amusés /amusées/	**Wij hebben ervan genoten.** [wɛj 'hɛbən ɛr'van xə'nɔtən]
C'était vraiment plaisant.	**Het was bijzonder leuk.** [hɛt was bi'zɔndər 'løk]
Vous allez me manquer.	**Ik ga je missen.** [ik xa je 'misən]
Vous allez nous manquer.	**Wij gaan je missen.** [wɛj xān je 'misən]

Bonne chance!	**Veel succes!** [vēl sʉk'sɛs!]
Mes salutations à ...	**De groeten aan ...** [də 'xrutən ān ...]

Une langue étrangère

Je ne comprends pas.	**Ik versta het niet.** [ik vər'sta ət nit]
Écrivez-le, s'il vous plaît.	**Schrijf het neer alstublieft.** [sxrɛjf ət nēr alstʉ'blift]
Parlez-vous ...?	**Spreekt u ...?** [sprēkt ju ...?]

Je parle un peu ...	**Ik spreek een beetje ...** [ik sprēk en 'bētjə ...]
anglais	**Engels** ['ɛŋəls]
turc	**Turks** [tʉrks]
arabe	**Arabisch** [a'rabis]
français	**Frans** [frans]

allemand	**Duits** [dœyts]
italien	**Italiaans** [itali'āns]
espagnol	**Spaans** [spāns]
portugais	**Portugees** [portʉ'xēs]
chinois	**Chinees** [ʃi'nēs]
japonais	**Japans** [ja'pans]

Pouvez-vous le répéter, s'il vous plaît.	**Kunt u dat herhalen alstublieft.** [kʉnt ju dat hɛr'halən alstʉ'blift]
Je comprends.	**Ik versta het.** [ik vər'sta ət]
Je ne comprends pas.	**Ik versta het niet.** [ik vər'sta ət nit]
Parlez plus lentement, s'il vous plaît.	**Spreek wat langzamer alstublieft.** [sprēk wat 'laŋzamər alstʉ'blift]

Est-ce que c'est correct?	**Is dat juist?** [is dat jœyst?]
Qu'est-ce que c'est?	**Wat is dit?** [wat is dit?]

Les excuses

Excusez-moi, s'il vous plaît.	**Excuseer me alstublieft.** [ɛkskʉ'zēr mə alstʉ'blift]
Je suis désolé /désolée/	**Sorry.** ['sɔri]
Je suis vraiment /désolée/	**Het spijt me.** [hɛt spɛjt mə]
Désolé /Désolée/, c'est ma faute.	**Sorry, het is mijn schuld.** [sɔri, hɛt is mɛjn sxʉlt]
Au temps pour moi.	**Mijn schuld.** [mɛjn sxʉlt]
Puis-je ... ?	**Mag ik ...?** [max ik ...?]
Ça vous dérange si je ...?	**Is het goed dat ...?** [iz ət xut dat ...?]
Ce n'est pas grave.	**Het is okay.** [hɛt is ɔ'kɛj]
Ça va.	**Maakt niet uit.** [mākt nit œyt]
Ne vous inquiétez pas.	**Maak je geen zorgen.** [māk je xēn 'zɔrxən]

Les accords

Oui	**Ja.** [ja]
Oui, bien sûr.	**Ja zeker.** [ja 'zekər]
Bien.	**Goed!** [xut!]
Très bien.	**Uitstekend.** [œyt'stekənt]
Bien sûr!	**Zeker weten!** ['zekər 'wetən!]
Je suis d'accord.	**Ik ga akkoord.** [ik xa a'kört]
C'est correct.	**Precies.** [prə'sis]
C'est exact.	**Juist.** [jœyst]
Vous avez raison.	**Je hebt gelijk.** [je hɛpt xə'lɛjk]
Je ne suis pas contre.	**Ik doe het graag.** [ik du ət xrāx]
Tout à fait correct.	**Dat is juist.** [dat is jœyst]
C'est possible.	**Dat is mogelijk.** [dat is 'mɔxələk]
C'est une bonne idée.	**Dat is een goed idee.** [dat is en xut i'dē]
Je ne peux pas dire non.	**Ik kan niet nee zeggen.** [ik kan nit nē 'zɛxən]
J'en serai ravi /ravie/	**Met genoegen.** [mɛt xə'nuxən]
Avec plaisir.	**Graag.** [xrāx]

Refus, exprimer le doute

Non
Nee.
[nē]

Absolument pas.
Beslist niet.
[bəs'list nit]

Je ne suis pas d'accord.
Daar ben ik het niet mee eens.
[dār bɛn ik ət nit mē ēns]

Je ne le crois pas.
Dat geloof ik niet.
[dat xe'lōf ik nit]

Ce n'est pas vrai.
Dat is niet waar.
[dat is nit wār]

Vous avez tort.
U maakt een fout.
[ju mākt en 'faut]

Je pense que vous avez tort.
Ik denk dat u een fout maakt.
[ik dɛnk dat ju en 'faut mākt]

Je ne suis pas sûr /sûre/
Ik weet het niet zeker.
[ik wēt ət nit 'zekər]

C'est impossible.
Het is onmogelijk.
[hɛt is ɔn'mɔxələk]

Pas du tout!
Beslist niet!
[bəs'list nit!]

Au contraire!
Precies het tegenovergestelde!
[prə'sis hɛt 'texən·'ɔvərxəstɛldə!]

Je suis contre.
Ik ben er tegen.
[ik bɛn ɛr 'texən]

Ça m'est égal.
Ik geef er niet om.
[ik xēf ɛr nit ɔm]

Je n'ai aucune idée.
Ik heb geen idee.
[ik hɛp xēn i'dē]

Je doute que cela soit ainsi.
Dat betwijfel ik.
[dat bet'wɛjfəl ik]

Désolé /Désolée/, je ne peux pas.
Sorry, ik kan niet.
[sɔri, ik kan nit]

Désolé /Désolée/, je ne veux pas.
Sorry, ik wil niet.
['sɔri, ik wil nit]

Merci, mais ça ne m'intéresse pas.
Dank u, maar ik heb dit niet nodig.
[dank ju, mār ik hɛp dit nit 'nodəx]

Il se fait tard.
Het wordt laat.
[hɛt wɔrt lāt]

Je dois me lever tôt.	**Ik moet vroeg op.** [ik mut vrux ɔp]
Je ne me sens pas bien.	**Ik voel me niet lekker.** [ik vul mə nit 'lɛkər]

Exprimer la gratitude

Merci.	**Bedankt.** [bə'dankt]
Merci beaucoup.	**Heel erg bedankt.** [hēl ɛrx bə'dankt]
Je l'apprécie beaucoup.	**Ik stel dit zeer op prijs.** [ik stel dit zēr ɔp prɛjs]
Je vous suis très reconnaissant.	**Ik ben u erg dankbaar.** [ik bɛn ju ɛrx 'dankbār]
Nous vous sommes très reconnaissant.	**Wij zijn u erg dankbaar.** [wɛj zɛjn ju ɛrx 'dankbār]

Merci pour votre temps.	**Bedankt voor uw tijd.** [bə'dankt vōr ʉw tɛjt]
Merci pour tout.	**Dank u wel voor alles.** [dank ju wɛl vōr 'aləs]
Merci pour ...	**Bedankt voor ...** [bə'dankt vōr ...]
votre aide	**uw hulp** [ʉw hʉlp]
les bons moments passés	**een leuke dag** [en 'løkə dax]

un repas merveilleux	**een heerlijke maaltijd** [en 'hērlɪkə 'māltɛjt]
cette agréable soirée	**een prettige avond** [en 'prɛtɪxə 'avɔnt]
cette merveilleuse journée	**een prettige dag** [en 'prɛtɪxə dax]
une excursion extraordinaire	**een fantastische reis** [en fan'tastise rɛjs]

Il n'y a pas de quoi.	**Graag gedaan.** [xrāx xə'dān]
Vous êtes les bienvenus.	**Graag gedaan.** [xrāx xə'dān]
Mon plaisir.	**Graag gedaan.** [xrāx xə'dān]
J'ai été heureux /heureuse/ de vous aider.	**Tot uw dienst.** [tɔt ʉw dinst]
Ça va. N'y pensez plus.	**Graag gedaan.** [xrāx xə'dān]
Ne vous inquiétez pas.	**Maak je geen zorgen.** [māk je xēn 'zɔrxən]

Félicitations. Vœux de fête

Félicitations!	**Gefeliciteerd!** [xəfelisi'tērt!]
Joyeux anniversaire!	**Gefeliciteerd met je verjaardag!** [xəfelisi'tērt mɛt je və'rjārdax!]
Joyeux Noël!	**Prettig Kerstfeest!** [prɛtəx 'kɛrstfēst!]
Bonne Année!	**Gelukkig Nieuwjaar!** [xə'lʉkəx 'niu'jār!]
Joyeuses Pâques!	**Vrolijk Paasfeest!** [vrɔlək 'pāsfēst!]
Joyeux Hanoukka!	**Gelukkig Chanoeka!** [xə'lʉkəx 'xanuka!]
Je voudrais proposer un toast.	**Ik wil een heildronk uitbrengen.** [ik wil en 'hɛjldrɔnk 'œytbreŋen]
Santé!	**Proost!** [prōst!]
Buvons à …!	**Laten we drinken op …!** [latən we 'drinkən ɔp … !]
À notre succès!	**Op ons succes!** [ɔp ɔns sʉk'sɛs!]
À votre succès!	**Op uw succes!** [ɔp ʉw sʉk'sɛs!]
Bonne chance!	**Veel succes!** [vēl sʉk'sɛs!]
Bonne journée!	**Een prettige dag!** [en 'prɛtixə dax!]
Passez de bonnes vacances !	**Een prettige vakantie!** [en 'prɛtixə va'kantsi!]
Bon voyage!	**Een veilige reis!** [en 'vɛjlixə rɛjs!]
Rétablissez-vous vite.	**Ik hoop dat u gauw weer beter bent!** [ik hōp dat ju 'xau wēr 'betər bɛnt!]

Socialiser

Pourquoi êtes-vous si triste?	**Waarom zie je er zo verdrietig uit?** [wā'rɔm zi je ɛr zɔ vər'dritəx œyt?]
Souriez!	**Lach eens! Wees vrolijk!** [lax ēns! wēs 'vrɔlək!]
Êtes-vous libre ce soir?	**Ben je vrij vanavond?** [bɛn je vrɛj va'navɔnt?]

Puis-je vous offrir un verre?	**Mag ik je een drankje aanbieden?** [max ik je en 'drankje 'ānbidən?]
Voulez-vous danser?	**Zullen we eens dansen?** [zʉlən we ēns 'dansən?]
Et si on va au cinéma?	**Laten we naar de bioscoop gaan.** [latən we nār də biɔ'skōp xān]

Puis-je vous inviter ...	**Mag ik je uitnodigen naar ...?** [max ik je 'œytnɔdixən nār ...?]
au restaurant	**een restaurant** [en rɛstɔ'ran]
au cinéma	**de bioscoop** [də biɔ'skōp]
au théâtre	**het theater** [hɛt te'ater]
pour une promenade	**een wandeling** [en 'wandəliŋ]

À quelle heure?	**Hoe laat?** [hu lāt?]
ce soir	**vanavond** [va'navɔnt]
à six heures	**om zes uur** [ɔm zɛs ūr]
à sept heures	**om zeven uur** [ɔm 'zevən ūr]
à huit heures	**om acht uur** [ɔm axt ūr]
à neuf heures	**om negen uur** [ɔm 'nexən ūr]

Est-ce que vous aimez cet endroit?	**Vind u het hier leuk?** [vint ju ət hir 'løk?]
Êtes-vous ici avec quelqu'un?	**Bent u hier met iemand?** [bɛnt ju hir mɛt i'mant?]
Je suis avec mon ami.	**Ik ben met mijn vriend.** [ik bɛn mɛt mɛjn vrint]

Je suis avec mes amis.	**Ik ben met mijn vrienden.** [ik bɛn mɛt mɛjn 'vrindən]
Non, je suis seul /seule/	**Nee, ik ben alleen.** [ik bɛn a'lēn]

As-tu un copain?	**Heb jij een vriendje?** [hɛp jɛj en 'vrindje?]
J'ai un copain.	**Ik heb een vriendje.** [ik hɛp en 'vrindje]
As-tu une copine?	**Heb jij een vriendin?** [hɛp jɛj en vrin'din?]
J'ai une copine.	**Ik heb een vriendin.** [ik hɛp en vrin'din]

Est-ce que je peux te revoir?	**Kan ik je weer eens zien?** [kan ik je wēr ēns zin?]
Est-ce que je peux t'appeler?	**Mag ik je opbellen?** [max ik je ɔ'bɛlən?]
Appelle-moi.	**Bel me op.** [bɛl mə ɔp]
Quel est ton numéro?	**Wat is je nummer?** [wat is je 'nʉmər?]
Tu me manques.	**Ik mis je.** [ik mis je]

Vous avez un très beau nom.	**U hebt een mooie naam.** [ju hɛpt en mōje nām]
Je t'aime.	**Ik hou van jou.** [ik 'hau van 'jau]
Veux-tu te marier avec moi?	**Wil je met me trouwen?** [wil je mɛt mə 'trauwən?]
Vous plaisantez!	**Dat meen je niet!** [dat mēn je nit!]
Je plaisante.	**Grapje.** [xrapje]

Êtes-vous sérieux /sérieuse/?	**Meen je dat?** [mēn je dat?]
Je suis sérieux /sérieuse/	**Ik meen het.** [ik mēn ət]
Vraiment?!	**Heus waar?!** [høs wār?!]
C'est incroyable!	**Dat is ongelooflijk!** [dat is ɔnxə'lōflək!]
Je ne vous crois pas.	**Ik geloof je niet.** [ik xə'lōf je nit]
Je ne peux pas.	**Ik kan niet.** [ik kan nit]
Je ne sais pas.	**Ik weet het niet.** [ik wēt ət nit]
Je ne vous comprends pas	**Ik versta u niet.** [ik vər'sta ju nit]

Laissez-moi! Allez-vous-en!	**Ga alstublieft weg.** [xa alstʉ'blift wɛx]
Laissez-moi tranquille!	**Laat me gerust!** [lāt mə xə'rʉst!]

Je ne le supporte pas.	**Ik kan hem niet uitstaan.** [ik kan hɛm nit 'œytstān]
Vous êtes dégoûtant!	**U bent een smeerlap!** [ju bɛnt en 'smērlap!]
Je vais appeler la police!	**Ik ga de politie bellen!** [ik xa də pɔ'litsi 'bɛlən!]

Partager des impressions. Émotions

J'aime ça.	**Dat vind ik fijn.** [dat vint ik fɛjn]
C'est gentil.	**Heel mooi.** [hēl mōj]
C'est super!	**Wat leuk!** [wat 'løk!]
C'est assez bien.	**Dat is niet slecht.** [dat is nit slɛxt]
Je n'aime pas ça.	**Daar houd ik niet van.** [dār 'haut ik nit van]
Ce n'est pas bien.	**Dat is niet goed.** [dat is nit xut]
C'est mauvais.	**Het is slecht.** [hɛt is slɛxt]
Ce n'est pas bien du tout.	**Het is heel slecht.** [hɛt is hēl slɛxt]
C'est dégoûtant.	**Het is smerig.** [hɛt is 'smerəx]
Je suis content /contente/	**Ik ben blij.** [ik bɛn blɛj]
Je suis heureux /heureuse/	**Ik ben tevreden.** [ik bɛn təv'redən]
Je suis amoureux /amoureuse/	**ik ben verliefd.** [ik bɛn vər'lift]
Je suis calme.	**Ik voel me rustig.** [ik vul mə 'rʉstəx]
Je m'ennuie.	**Ik verveel me.** [ik vər'vēl mə]
Je suis fatigué /fatiguée/	**Ik ben moe.** [ik bɛn mu]
Je suis triste.	**Ik ben verdrietig.** [ik bɛn vər'dritəx]
J'ai peur.	**Ik ben bang.** [ik bɛn baŋ]
Je suis fâché /fâchée/	**Ik ben kwaad.** [ik bɛn kwāt]
Je suis inquiet /inquiète/	**Ik ben bezorgd.** [ik bɛn bə'zɔrxt]
Je suis nerveux /nerveuse/	**Ik ben zenuwachtig.** [ik bɛn 'zenʉwaxtəx]

Je suis jaloux /jalouse/	**Ik ben jaloers.** [ik bɛn ja'lurs]
Je suis surpris /surprise/	**Het verwondert me.** [hɛt vər'wɔndərt mə]
Je suis gêné /gênée/	**Ik sta paf.** [ik sta paf]

Problèmes. Accidents

J'ai un problème.	**Ik heb een probleem.** [ik hɛp ən prɔ'blēm]
Nous avons un problème.	**Wij hebben een probleem.** [wɛj 'hɛbən ən prɔ'blēm]
Je suis perdu /perdue/	**Ik ben de weg kwijt.** [ik bɛn də wɛx kwɛjt]
J'ai manqué le dernier bus (train).	**Ik heb de laatste bus (trein) gemist.** [ik hɛp də 'lātstə bʉs (trɛjn) xə'mist]
Je n'ai plus d'argent.	**Ik heb geen geld meer.** [ik hɛp xēn xɛlt mēr]

J'ai perdu mon ...	**Ik heb mijn ... verloren** [ik hɛp mɛjn ... vər'lɔrən]
On m'a volé mon ...	**Iemand heeft mijn ... gestolen** [imant hēft mɛjn ... xəs'tɔlən]
passeport	**paspoort** [paspõrt]
portefeuille	**portemonnee** [pɔrtəmɔ'nē]
papiers	**papieren** [pa'pirən]
billet	**kaartje** [kārtjə]

argent	**geld** [xɛlt]
sac à main	**tas** [tas]
appareil photo	**camera** [kamǝra]
portable	**laptop** ['lɛptɔp]
ma tablette	**tablet** [tab'lɛt]
mobile	**mobieltje** [mɔ'biltjə]

Au secours!	**Help!** [hɛlp!]
Qu'est-il arrivé?	**Wat is er aan de hand?** [wat is ɛr ān də hant?]
un incendie	**brand** [brant]

des coups de feu	**er wordt geschoten** [ɛr wɔrt xəs'xɔtən]
un meurtre	**moord** [mōrt]
une explosion	**ontploffing** [ɔntp'lɔfiŋ]
une bagarre	**gevecht** [xə'vɛxt]

Appelez la police!	**Bel de politie!** [bɛl də pɔ'litsi!]
Dépêchez-vous, s'il vous plaît!	**Opschieten alstublieft!** [ɔpsxitən alstʉ'blift!]
Je cherche le commissariat de police.	**Ik zoek het politiebureau.** [ik zuk ət pɔ'litsi bʉ'rɔ]
Il me faut faire un appel.	**Ik moet opbellen.** [ik mut ɔ'bɛlən]
Puis-je utiliser votre téléphone?	**Mag ik uw telefoon gebruiken?** [max ik ʉw telə'fōn xə'brœʏkən?]

J'ai été ...	**Ik ben ...** [ik bɛn ...]
agressé /agressée/	**overvallen** [ɔvər'valən]
volé /volée/	**bestolen** [bəs'tɔlən]
violée	**verkracht** [vərk'raxt]
attaqué /attaquée/	**aangevallen** [ānxəvalən]

Est-ce que ça va?	**Gaat het?** [xāt ət?]
Avez-vous vu qui c'était?	**Hebt u gezien wie het was?** [hɛpt ju xə'zin wi ət was?]
Pourriez-vous reconnaître cette personne?	**Zou u de persoon kunnen herkennen?** [zau ju də pɛr'sōn 'kʉnən hɛr'kɛnən?]
Vous êtes sûr?	**Bent u daar zeker van?** [bɛnt ju dār 'zekər van?]

Calmez-vous, s'il vous plaît.	**Rustig aan alstublieft.** [rʉstəx ān alstʉ'blift]
Calmez-vous!	**Kalm aan!** [kalm ān!]

Ne vous inquiétez pas.	**Maak je geen zorgen!** [māk je xēn 'zɔrxən!]
Tout ira bien.	**Alles komt in orde.** [aləs kɔmt in 'ɔrdə]
Ça va. Tout va bien.	**Alles is in orde.** [aləs iz in 'ɔrdə]

Venez ici, s'il vous plaît.	**Kom hier alstublieft.** [kɔm hir alstʉ'blift]
J'ai des questions à vous poser.	**Ik heb een paar vragen voor u.** [ik hɛp en pār 'vraxən vōr ju]
Attendez un moment, s'il vous plaît.	**Een ogenblikje alstublieft.** [en 'ɔxənblikjə alstʉ'blift]
Avez-vous une carte d'identité?	**Hebt u een ID-kaart?** [hɛpt ju en aj'di-kārt?]
Merci. Vous pouvez partir maintenant.	**Dank u. U mag nu vertrekken.** [dank ju. ju max nʉ vər'trɛkən]
Les mains derrière la tête!	**Handen achter uw hoofd!** [handən 'axtər ʉw hōft!]
Vous êtes arrêté!	**U bent onder arrest!** [ju bɛnt 'ɔndər a'rɛst!]

Problèmes de santé

Aidez-moi, s'il vous plaît.	**Kunt u mij helpen alstublieft?** [kʉnt ju mɛj 'hɛlpən alstʉ'blift]
Je ne me sens pas bien.	**Ik voel me niet goed.** [ik vul mə nit xut]
Mon mari ne se sent pas bien.	**Mijn man voelt zich niet goed.** [mɛjn man vult zix nit xut]
Mon fils ...	**Mijn zoon ...** [mɛjn zõn ...]
Mon père ...	**Mijn vader ...** [mɛjn 'vadər ...]
Ma femme ne se sent pas bien.	**Mijn vrouw voelt zich niet goed.** [mɛjn 'vrau vult zix nit xut]
Ma fille ...	**Mijn dochter ...** [mɛjn 'dɔxtər ...]
Ma mère ...	**Mijn moeder ...** [mɛjn 'mudər ...]
J'ai mal ...	**Ik heb ...** [ik hɛp ...]
à la tête	**hoofdpijn** [hõftpɛjn]
à la gorge	**keelpijn** [kẽlpɛjn]
à l'estomac	**maagpijn** [mãxpɛjn]
aux dents	**tandpijn** [tantpɛjn]
J'ai le vertige.	**Ik voel me duizelig.** [ik vul mə 'dœyzələx]
Il a de la fièvre.	**Hij heeft koorts.** [hɛj hẽft kõrts]
Elle a de la fièvre.	**Zij heeft koorts.** [zɛj hẽft kõrts]
Je ne peux pas respirer.	**Ik heb moeite met ademen.** [ik hɛp 'mujtə mɛt 'adəmən]
J'ai du mal à respirer.	**Ik ben kortademig.** [ik bɛn kɔ'rtadəməx]
Je suis asthmatique.	**Ik ben astmatisch.** [ik bɛn astm'atis]
Je suis diabétique.	**Ik ben diabeet.** [ik bɛn 'diabẽt]

Je ne peux pas dormir.	**Ik kan niet slapen.**
	[ik kan nit 'slapən]
intoxication alimentaire	**voedselvergiftiging**
	[vutsəl·vər'xiftəxiŋ]

Ça fait mal ici.	**Het doet hier pijn.**
	[hɛt dut hir pɛjn]
Aidez-moi!	**Help!**
	[hɛlp!]
Je suis ici!	**Ik ben hier!**
	[ik bɛn hir!]
Nous sommes ici!	**Wij zijn hier!**
	[wɛj zɛjn hir!]
Sortez-moi d'ici!	**Kom mij halen!**
	[kɔm mɛj 'halən!]
J'ai besoin d'un docteur.	**Ik heb een dokter nodig.**
	[ik hɛp en 'dɔktər 'nɔdəx]
Je ne peux pas bouger!	**Ik kan me niet bewegen.**
	[ik kan mə nit bə'wexən]
Je ne peux pas bouger mes jambes.	**Ik kan mijn benen niet bewegen.**
	[ik kan mɛjn 'benən nit bə'wexən]

Je suis blessé /blessée/	**Ik heb een wond.**
	[ik hɛp en wɔnt]
Est-ce que c'est sérieux?	**Is het erg?**
	[iz ət ɛrx?]
Mes papiers sont dans ma poche.	**Mijn documenten zijn in mijn zak.**
	[mɛjn dokʉ'mɛntən zɛjn in mɛjn zak]
Calmez-vous!	**Rustig maar!**
	[rʉstəx mār!]
Puis-je utiliser votre téléphone?	**Mag ik uw telefoon gebruiken?**
	[max ik ʉw telə'fōn xe'brœykən?]

Appelez une ambulance!	**Bel een ambulance!**
	[bɛl en ambʉ'lansə!]
C'est urgent!	**Het is dringend!**
	[hɛt is 'driŋənt!]
C'est une urgence!	**Het is een noodgeval!**
	[hɛt is en 'nōtxəval!]
Dépêchez-vous, s'il vous plaît!	**Opschieten alstublieft!**
	[ɔpsxitən alstʉ'blift!]
Appelez le docteur, s'il vous plaît.	**Kunt u alstublieft een dokter bellen?**
	[kʉnt ju alstʉ'blift en 'dɔktər 'bɛlən?]
Où est l'hôpital?	**Waar is het ziekenhuis?**
	[wār iz ət 'zikənhœys?]

Comment vous sentez-vous?	**Hoe voelt u zich?**
	[hu vult ju zix?]
Est-ce que ça va?	**Hoe gaat het?**
	[hu xāt ət?]
Qu'est-il arrivé?	**Wat is er gebeurd?**
	[wat is ɛr xə'børt?]

Je me sens mieux maintenant.	**Ik voel me nu wat beter.** [ik vul mə nʉ wat 'betər]
Ça va. Tout va bien.	**Het is okay.** [hɛt is ɔ'kɛj]
Ça va.	**Het gaat beter.** [hɛt xāt 'betər]

À la pharmacie

pharmacie
apotheek
[apɔ'tēk]

pharmacie 24 heures
dag en nacht apotheek
[dax en naxt apɔ'tēk]

Où se trouve la pharmacie la plus proche?
Waar is de meest nabij gelegen apotheek?
[wār is də mēst na'bɛj xə'lexən apɔ'tēk?]

Est-elle ouverte en ce moment?
Is hij nu open?
[is hɛj nʉ 'ɔpən?]

À quelle heure ouvre-t-elle?
Hoe laat gaat hij open?
[hu lāt xāt hɛj 'ɔpən?]

à quelle heure ferme-t-elle?
Hoe laat sluit hij?
[hu lāt slœyt hɛj?]

C'est loin?
Is het ver?
[iz ət vɛr?]

Est-ce que je peux y aller à pied?
Kan ik er lopend naar toe?
[kan ik ɛr 'lɔpənt nār tu?]

Pouvez-vous me le montrer sur la carte?
Kunt u het op de plattegrond aanwijzen?
[kʉnt ju ət ɔp də platə'xrɔnt 'ānwɛjzən?]

Pouvez-vous me donner quelque chose contre ...
Geef mij alstublieft iets voor ...
[xēf mɛj alstʉ'blift its vōr ...]

le mal de tête
hoofdpijn
[hōftpɛjn]

la toux
hoest
[hust]

le rhume
verkoudheid
[vər'kauthɛjt]

la grippe
de griep
[də xrip]

la fièvre
koorts
[kōrts]

un mal d'estomac
maagpijn
[māxpɛjn]

la nausée
misselijkheid
['misələkhɛjt]

la diarrhée
diarree
[dia'rē]

la constipation	**constipatie** [kɔnsti'patsi]
un mal de dos	**rugpijn** [rʉxpɛjn]
les douleurs de poitrine	**pijn in mijn borst** [pɛjn in mɛjn bɔrst]
les points de côté	**steek in de zij** [stēk in də zɛj]
les douleurs abdominales	**pijn in mijn onderbuik** [pɛjn in mɛjn 'ɔndərbœʏk]

une pilule	**pil** [pil]
un onguent, une crème	**zalf, crème** [zalf, krɛ:m]
un sirop	**stroop** [strōp]
un spray	**verstuiver** [vərstœyvər]
les gouttes	**druppels** [drʉpəls]

Vous devez allez à l'hôpital.	**U moet naar het ziekenhuis.** [ju mut nār ət 'zikənhœys]
assurance maladie	**ziektekostenverzekering** [ziktəkɔstən·vər'zekəriŋ]
prescription	**voorschrift** [vōrsxrift]
produit anti-insecte	**anti-insecten middel** [anti-in'sɛktən 'midəl]
bandages adhésifs	**pleister** ['plɛjstər]

Les essentiels

Excusez-moi, ...	**Pardon, ...** [par'dɔn, ...]
Bonjour	**Hallo.** [halɔ]
Merci	**Bedankt.** [bə'dankt]
Au revoir	**Tot ziens.** [tɔt zins]
Oui	**Ja.** [ja]
Non	**Nee.** [nē]
Je ne sais pas.	**Ik weet het niet.** [ik wēt ət nit]
Où?	Où?	Quand?	**Waar?	Waarheen?	Wanneer?** [wār?	wār'hēn?	wa'nēr?]

J'ai besoin de ...	**Ik heb ... nodig** [ik hɛp ... 'nɔdəx]
Je veux ...	**Ik wil ...** [ik wil ...]
Avez-vous ... ?	**Hebt u ...?** [hɛpt ju ...?]
Est-ce qu'il y a ... ici?	**Is hier een ...?** [is hir en ...?]
Puis-je ... ?	**Mag ik ...?** [max ik ...?]
s'il vous plaît (pour une demande)	**... alstublieft** [... alstʉ'blift]

Je cherche ...	**Ik zoek ...** [ik zuk ...]
les toilettes	**toilet** [twa'lɛt]
un distributeur	**geldautomaat** [xɛlt·auto'māt]
une pharmacie	**apotheek** [apɔ'tēk]
l'hôpital	**ziekenhuis** [zikənhœys]
le commissariat de police	**politiebureau** [pɔ\'litsi bʉ\'rɔ]
une station de métro	**metro** ['metrɔ]

un taxi	**taxi** [taksi]
la gare	**station** [sta'tsjɔn]

Je m'appelle ...	**Ik heet ...** [ik hēt ...]
Comment vous appelez-vous?	**Hoe heet u?** [hu hēt ju?]
Aidez-moi, s'il vous plaît.	**Kunt u me helpen alstublieft?** [kʉnt ju mə 'hɛlpən alstʉ'blift?]
J'ai un problème.	**Ik heb een probleem.** [ik hɛp en prɔ'blēm]
Je ne me sens pas bien.	**Ik voel me niet goed.** [ik vul mə nit xut]
Appelez une ambulance!	**Bel een ambulance!** [bɛl en ambʉ'lansə!]
Puis-je faire un appel?	**Mag ik opbellen?** [max ik ɔ'bɛlən?]

Excusez-moi.	**Sorry.** ['sɔri]
Je vous en prie.	**Graag gedaan.** [xrãx xə'dãn]

je, moi	**Ik, mij** [ik, mɛj]
tu, toi	**jij** [jɛj]
il	**hij** [hɛj]
elle	**zij** [zɛj]
ils	**zij** [zɛj]
elles	**zij** [zɛj]
nous	**wij** [wɛj]
vous	**jullie** ['juli]
Vous	**u** [ju]

ENTRÉE	**INGANG** [inxaŋ]
SORTIE	**UITGANG** [œytxaŋ]
HORS SERVICE | EN PANNE	**BUITEN GEBRUIK** [bœytən xə'brœyk]
FERMÉ	**GESLOTEN** [xə'slɔtən]

OUVERT	**OPEN** [ˈɔpən]
POUR LES FEMMES	**DAMES** [daməs]
POUR LES HOMMES	**HEREN** [ˈherən]

DICTIONNAIRE CONCIS

Cette section contient plus
de 1500 mots les plus utilisés.
Le dictionnaire inclut beaucoup
de termes gastronomiques
et peut être utile lorsque
vous faites le marché
ou commandez des plats
au restaurant

T&P Books Publishing

CONTENU DU DICTIONNAIRE

1. Le temps. Le calendrier	76
2. Nombres. Adjectifs numéraux	77
3. L'être humain. La famille	78
4. Le corps humain. L'anatomie	79
5. Les maladies. Les médicaments	81
6. Les sensations. Les émotions. La communication	82
7. Les vêtements. Les accessoires personnels	83
8. La ville. Les établissements publics	84
9. L'argent. Les finances	86
10. Les transports	87
11. Les produits alimentaires. Partie 1	88
12. Les produits alimentaires. Partie 2	89
13. La maison. L'appartement. Partie 1	90
14. La maison. L'appartement. Partie 2	92
15. Les occupations. Le statut social	93
16. Le sport	94

T&P Books Publishing

17. Les langues étrangères. L'orthographe	95
18. La Terre. La géographie	97
19. Les pays du monde. Partie 1	98
20. Les pays du monde. Partie 2	99
21. Le temps. Les catastrophes naturelles	100
22. Les animaux. Partie 1	102
23. Les animaux. Partie 2	103
24. La flore. Les arbres	104
25. Les mots souvent utilisés	105
26. Les adjectifs. Partie 1	107
27. Les adjectifs. Partie 2	108
28. Les verbes les plus utilisés. Partie 1	109
29. Les verbes les plus utilisés. Partie 2	110
30. Les verbes les plus utilisés. Partie 3	111

1. Le temps. Le calendrier

temps (m)	**tijd (de)**	[tɛjt]
heure (f)	**uur (het)**	[ūr]
demi-heure (f)	**halfuur (het)**	[half 'ūr]
minute (f)	**minuut (de)**	[mi'nūt]
seconde (f)	**seconde (de)**	[se'kɔndə]
aujourd'hui (adv)	**vandaag**	[van'dāx]
demain (adv)	**morgen**	['mɔrxən]
hier (adv)	**gisteren**	['xistərən]
lundi (m)	**maandag (de)**	['mãndax]
mardi (m)	**dinsdag (de)**	['dinsdax]
mercredi (m)	**woensdag (de)**	['wunsdax]
jeudi (m)	**donderdag (de)**	['dɔndərdax]
vendredi (m)	**vrijdag (de)**	['vrɛjdax]
samedi (m)	**zaterdag (de)**	['zatərdax]
dimanche (m)	**zondag (de)**	['zɔndax]
jour (m)	**dag (de)**	[dax]
jour (m) ouvrable	**werkdag (de)**	['wɛrk·dax]
jour (m) férié	**feestdag (de)**	['fēst·dax]
week-end (m)	**weekend (het)**	['wikənt]
semaine (f)	**week (de)**	[wēk]
la semaine dernière	**vorige week**	['vɔrixə wēk]
la semaine prochaine	**volgende week**	['vɔlxəndə wēk]
lever (m) du soleil	**zonsopgang (de)**	[zɔns'ɔpxaŋ]
coucher (m) du soleil	**zonsondergang (de)**	[zɔns'ɔndərxaŋ]
le matin	**'s morgens**	[s 'mɔrxəns]
dans l'après-midi	**'s middags**	[s 'midax]
le soir	**'s avonds**	[s 'avɔnts]
ce soir	**vanavond**	[va'navɔnt]
la nuit	**'s nachts**	[s naxts]
minuit (f)	**middernacht (de)**	['midər·naxt]
janvier (m)	**januari (de)**	[janʉ'ari]
février (m)	**februari (de)**	[febrʉ'ari]
mars (m)	**maart (de)**	[mārt]
avril (m)	**april (de)**	[ap'ril]
mai (m)	**mei (de)**	[mɛj]
juin (m)	**juni (de)**	['juni]
juillet (m)	**juli (de)**	['juli]
août (m)	**augustus (de)**	[au'xʉstʉs]

septembre (m)	**september (de)**	[sɛp'tɛmbər]
octobre (m)	**oktober (de)**	[ɔk'tɔbər]
novembre (m)	**november (de)**	[nɔ'vɛmbər]
décembre (m)	**december (de)**	[de'sɛmber]
au printemps	**in de lente**	[in də 'lɛntə]
en été	**in de zomer**	[in də 'zɔmər]
en automne	**in de herfst**	[in də hɛrfst]
en hiver	**in de winter**	[in də 'wintər]
mois (m)	**maand (de)**	[mānt]
saison (f)	**seizoen (het)**	[sɛj'zun]
année (f)	**jaar (het)**	[jār]
siècle (m)	**eeuw (de)**	[ēw]

2. Nombres. Adjectifs numéraux

chiffre (m)	**cijfer (het)**	['sɛjfər]
nombre (m)	**nummer (het)**	['nʉmər]
moins (m)	**minteken (het)**	['min·tekən]
plus (m)	**plusteken (het)**	['plʉs·tekən]
somme (f)	**som (de), totaal (het)**	[sɔm], [tɔ'tāl]
premier (adj)	**eerste**	['ērstə]
deuxième (adj)	**tweede**	['twēdə]
troisième (adj)	**derde**	['dɛrdə]
zéro	**nul**	[nʉl]
un	**een**	[en]
deux	**twee**	[twē]
trois	**drie**	[dri]
quatre	**vier**	[vir]
cinq	**vijf**	[vɛjf]
six	**zes**	[zɛs]
sept	**zeven**	['zevən]
huit	**acht**	[axt]
neuf	**negen**	['nexən]
dix	**tien**	[tin]
onze	**elf**	[ɛlf]
douze	**twaalf**	[twālf]
treize	**dertien**	['dɛrtin]
quatorze	**veertien**	['vērtin]
quinze	**vijftien**	['vɛjftin]
seize	**zestien**	['zɛstin]
dix-sept	**zeventien**	['zevəntin]
dix-huit	**achttien**	['axtin]
dix-neuf	**negentien**	['nexəntin]

vingt	**twintig**	['twintəx]
trente	**dertig**	['dɛrtəx]
quarante	**veertig**	['vērtəx]
cinquante	**vijftig**	['vɛjftəx]
soixante	**zestig**	['zɛstəx]
soixante-dix	**zeventig**	['zevəntəx]
quatre-vingts	**tachtig**	['tahtəx]
quatre-vingt-dix	**negentig**	['nexəntəx]
cent	**honderd**	['hɔndərt]
deux cents	**tweehonderd**	[twē·'hɔndərt]
trois cents	**driehonderd**	[dri·'hɔndərt]
quatre cents	**vierhonderd**	[vir·'hɔndərt]
cinq cents	**vijfhonderd**	[vɛjf·'hɔndərt]
six cents	**zeshonderd**	[zɛs·'hɔndərt]
sept cents	**zevenhonderd**	['zevən·'hɔndərt]
huit cents	**achthonderd**	[axt·'hɔndərt]
neuf cents	**negenhonderd**	['nexən·'hɔndərt]
mille	**duizend**	['dœyzənt]
dix mille	**tienduizend**	[tin·'dœyzənt]
cent mille	**honderdduizend**	['hɔndərt·'dœyzənt]
million (m)	**miljoen (het)**	[mi'ljun]
milliard (m)	**miljard (het)**	[mi'ljart]

3. L'être humain. La famille

homme (m)	**man (de)**	[man]
jeune homme (m)	**jongen (de)**	['jɔŋən]
adolescent (m)	**tiener, adolescent (de)**	['tinər], [adɔlɛ'sɛnt]
femme (f)	**vrouw (de)**	['vrau]
jeune fille (f)	**meisje (het)**	['mɛjɕə]
âge (m)	**leeftijd (de)**	['lēftɛjt]
adulte (m)	**volwassen**	[vɔl'wasən]
d'âge moyen (adj)	**van middelbare leeftijd**	[van 'midəlbarə 'lēftɛjt]
âgé (adj)	**bejaard**	[bɛ'järt]
vieux (adj)	**oud**	['aut]
vieillard (m)	**oude man (de)**	['audə man]
vieille femme (f)	**oude vrouw (de)**	['audə 'vrau]
retraite (f)	**pensioen (het)**	[pɛn'ʃun]
prendre sa retraite	**met pensioen gaan**	[mɛt pɛn'ʃun xān]
retraité (m)	**gepensioneerde (de)**	[xəpɛnʃə'nērdə]
mère (f)	**moeder (de)**	['mudər]
père (m)	**vader (de)**	['vadər]
fils (m)	**zoon (de)**	[zōn]
fille (f)	**dochter (de)**	['dɔxtər]

frère (m)	broer (de)	[brur]
frère (m) aîné	oudere broer (de)	['audərə brur]
frère (m) cadet	jongere broer (de)	['jɔŋərə brur]
sœur (f)	zuster (de)	['zʉstər]
sœur (f) aînée	oudere zuster (de)	['audərə 'zʉstər]
sœur (f) cadette	jongere zuster (de)	['jɔŋərə 'zʉstər]
parents (m pl)	ouders	['audərs]
enfant (m, f)	kind (het)	[kint]
enfants (pl)	kinderen	['kindərən]
belle-mère (f)	stiefmoeder (de)	['stif·mudər]
beau-père (m)	stiefvader (de)	['stif·vadər]
grand-mère (f)	oma (de)	['ɔma]
grand-père (m)	opa (de)	['ɔpa]
petit-fils (m)	kleinzoon (de)	[klɛjn·zõn]
petite-fille (f)	kleindochter (de)	[klɛjn·'dɔxtər]
petits-enfants (pl)	kleinkinderen	[klɛjn·'kindərən]
oncle (m)	oom (de)	[õm]
tante (f)	tante (de)	['tantə]
neveu (m)	neef (de)	[nẽf]
nièce (f)	nicht (de)	[nixt]
femme (f)	vrouw (de)	['vrau]
mari (m)	man (de)	[man]
marié (adj)	gehuwd	[xə'hʉwt]
mariée (adj)	gehuwd	[xə'hʉwt]
veuve (f)	weduwe (de)	['wedʉwə]
veuf (m)	weduwnaar (de)	['wedʉwnãr]
prénom (m)	naam (de)	[nãm]
nom (m) de famille	achternaam (de)	['axtər·nãm]
parent (m)	familielid (het)	[fa'mililit]
ami (m)	vriend (de)	[vrint]
amitié (f)	vriendschap (de)	['vrintsxap]
partenaire (m)	partner (de)	['partnər]
supérieur (m)	baas (de)	[bãs]
collègue (m, f)	collega (de)	[kɔ'lexa]
voisins (m pl)	buren	['bʉrən]

4. Le corps humain. L'anatomie

organisme (m)	organisme (het)	[ɔrxa'nismə]
corps (m)	lichaam (het)	['lixãm]
cœur (m)	hart (het)	[hart]
sang (m)	bloed (het)	[blut]
cerveau (m)	hersenen	['hɛrsənən]

nerf (m)	**zenuw (de)**	['zenʉw]
os (m)	**been (het)**	[bēn]
squelette (f)	**skelet (het)**	[ske'lɛt]
colonne (f) vertébrale	**ruggengraat (de)**	['rʉxə·xrāt]
côte (f)	**rib (de)**	[rib]
crâne (m)	**schedel (de)**	['sxedəl]
muscle (m)	**spier (de)**	[spir]
poumons (m pl)	**longen**	['lɔŋən]
peau (f)	**huid (de)**	['hœyt]
tête (f)	**hoofd (het)**	[hōft]
visage (m)	**gezicht (het)**	[xə'ziht]
nez (m)	**neus (de)**	['nøs]
front (m)	**voorhoofd (het)**	['vōrhōft]
joue (f)	**wang (de)**	[waŋ]
bouche (f)	**mond (de)**	[mɔnt]
langue (f)	**tong (de)**	[tɔŋ]
dent (f)	**tand (de)**	[tant]
lèvres (f pl)	**lippen**	['lipən]
menton (m)	**kin (de)**	[kin]
oreille (f)	**oor (het)**	[ōr]
cou (m)	**hals (de)**	[hals]
gorge (f)	**keel (de)**	[kēl]
œil (m)	**oog (het)**	[ōx]
pupille (f)	**pupil (de)**	[pʉ'pil]
sourcil (m)	**wenkbrauw (de)**	['wɛnk·brau]
cil (m)	**wimper (de)**	['wimpər]
cheveux (m pl)	**haren**	['harən]
coiffure (f)	**kapsel (het)**	['kapsəl]
moustache (f)	**snor (de)**	[snɔr]
barbe (f)	**baard (de)**	[bārt]
porter (~ la barbe)	**dragen**	['draxən]
chauve (adj)	**kaal**	[kāl]
main (f)	**hand (de)**	[hant]
bras (m)	**arm (de)**	[arm]
doigt (m)	**vinger (de)**	['viŋər]
ongle (m)	**nagel (de)**	['naxəl]
paume (f)	**handpalm (de)**	['hantpalm]
épaule (f)	**schouder (de)**	['sxaudər]
jambe (f)	**been (het)**	[bēn]
pied (m)	**voet (de)**	[vut]
genou (m)	**knie (de)**	[kni]
talon (m)	**hiel (de)**	[hil]
dos (m)	**rug (de)**	[rʉx]
taille (f) (~ de guêpe)	**taille (de)**	['tajə]

grain (m) de beauté	huidvlek (de)	['hœyt·vlɛk]
tache (f) de vin	moedervlek (de)	['mudər·vlɛk]

5. Les maladies. Les médicaments

santé (f)	gezondheid (de)	[xə'zɔnthɛjt]
en bonne santé	gezond	[xə'zɔnt]
maladie (f)	ziekte (de)	['ziktə]
être malade	ziek zijn	[zik zɛjn]
malade (adj)	ziek	[zik]
refroidissement (m)	verkoudheid (de)	[vər'kauthɛjt]
prendre froid	verkouden raken	[vər'kaudən 'rakən]
angine (f)	angina (de)	[an'xina]
pneumonie (f)	longontsteking (de)	['lɔŋ·ɔntstekiŋ]
grippe (f)	griep (de)	[xrip]
rhume (m) (coryza)	snotneus (de)	[snɔt'nøs]
toux (f)	hoest (de)	[hust]
tousser (vi)	hoesten	['hustən]
éternuer (vi)	niezen	['nizən]
insulte (f)	beroerte (de)	[bə'rurtə]
crise (f) cardiaque	hartinfarct (het)	['hart·in'farkt]
allergie (f)	allergie (de)	[alɛr'xi]
asthme (m)	astma (de/het)	['astma]
diabète (m)	diabetes (de)	[dia'betəs]
tumeur (f)	tumor (de)	['tʉmɔr]
cancer (m)	kanker (de)	['kankər]
alcoolisme (m)	alcoholisme (het)	[alkoho'lismə]
SIDA (m)	AIDS (de)	[ets]
fièvre (f)	koorts (de)	[kōrts]
mal (m) de mer	zeeziekte (de)	[zē·'ziktə]
bleu (m)	blauwe plek (de)	['blauə plɛk]
bosse (f)	buil (de)	['bœyl]
boiter (vi)	hinken	['hinkən]
foulure (f)	verstuiking (de)	[vər'stœykiŋ]
se démettre (l'épaule, etc.)	verstuiken	[vər'stœykən]
fracture (f)	breuk (de)	['brøk]
brûlure (f)	brandwond (de)	['brant·wɔnt]
blessure (f)	blessure (de)	[blɛ'sʉrə]
douleur (f)	pijn (de)	[pɛjn]
mal (m) de dents	tandpijn (de)	['tand·pɛjn]
suer (vi)	zweten	['zwetən]
sourd (adj)	doof	[dōf]
muet (adj)	stom	[stɔm]

immunité (f)	**immuniteit (de)**	[imʉni'tɛjt]
virus (m)	**virus (het)**	['virʉs]
microbe (m)	**microbe (de)**	[mik'rɔbə]
bactérie (f)	**bacterie (de)**	[bak'teri]
infection (f)	**infectie (de)**	[in'fɛksi]
hôpital (m)	**ziekenhuis (het)**	['zikən·hœys]
cure (f) (faire une ~)	**genezing (de)**	[xə'nezɪŋ]
vacciner (vt)	**inenten**	['inɛntən]
être dans le coma	**in coma liggen**	[in 'kɔma 'lixən]
réanimation (f)	**intensieve zorg, ICU (de)**	[intən'sivə zɔrx], [isɛ'ju]
symptôme (m)	**symptoom (het)**	[simp'tōm]
pouls (m)	**polsslag (de)**	['pɔls·slax]

6. Les sensations. Les émotions. La communication

je	**ik**	[ik]
tu	**jij, je**	[jɛj], [jə]
il	**hij**	[hɛj]
elle	**zij, ze**	[zɛj], [zə]
ça	**het**	[ət]
nous	**wij, we**	[wɛj], [wə]
vous	**jullie**	['juli]
ils, elles	**zij, ze**	[zɛj], [zə]
Bonjour! (fam.)	**Hallo! Dag!**	[ha'lɔ dax]
Bonjour! (form.)	**Hallo!**	[ha'lɔ]
Bonjour! (le matin)	**Goedemorgon!**	['xudə·'mɔrxən]
Bonjour! (après-midi)	**Goedemiddag!**	['xudə·'midax]
Bonsoir!	**Goedenavond!**	['xudən·'avɔnt]
dire bonjour	**gedag zeggen**	[xe'dax 'zexən]
saluer (vt)	**verwelkomen**	[vər'wɛlkɔmən]
Comment ça va?	**Hoe gaat het?**	[hu xāt ət]
Au revoir! (form.)	**Tot ziens!**	[tɔt 'tsins]
Au revoir! (fam.)	**Doei!**	['dui]
Merci!	**Dank u!**	[dank ju]
sentiments (m pl)	**gevoelens**	[xə'vulens]
avoir faim	**honger hebben**	['hɔŋər 'hɛbən]
avoir soif	**dorst hebben**	[dɔrst 'hɛbən]
fatigué (adj)	**moe**	[mu]
s'inquiéter (vp)	**bezorgd zijn**	[bə'zɔrxt zɛjn]
s'énerver (vp)	**zenuwachtig zijn**	['zenʉw·ahtəx zɛjn]
espoir (m)	**hoop (de)**	[hōp]
espérer (vi)	**hopen**	['hopən]
caractère (m)	**karakter (het)**	[ka'raktər]
modeste (adj)	**bescheiden**	[bə'sxɛjdən]

paresseux (adj)	**lui**	['lœy]
généreux (adj)	**gul**	[xjul]
doué (adj)	**talentrijk**	[ta'lɛntrɛjk]
honnête (adj)	**eerlijk**	['ērlək]
sérieux (adj)	**ernstig**	['ɛrnstəx]
timide (adj)	**schuchter**	['sxʉxtər]
sincère (adj)	**oprecht**	[ɔp'rɛxt]
peureux (m)	**lafaard (de)**	['lafārt]
dormir (vi)	**slapen**	['slapən]
rêve (m)	**droom (de)**	[drōm]
lit (m)	**bed (het)**	[bɛt]
oreiller (m)	**kussen (het)**	['kʉsən]
insomnie (f)	**slapeloosheid (de)**	['slapəlōshɛjt]
aller se coucher	**gaan slapen**	[xān 'slapən]
cauchemar (m)	**nachtmerrie (de)**	['naxtmɛri]
réveil (m)	**wekker (de)**	['wɛkər]
sourire (m)	**glimlach (de)**	['xlimlah]
sourire (vi)	**glimlachen**	['xlimlahən]
rire (vi)	**lachen**	['laxən]
dispute (f)	**ruzie (de)**	['rʉzi]
insulte (f)	**belediging (de)**	[bə'ledəxiŋ]
offense (f)	**krenking (de)**	['krɛnkiŋ]
fâché (adj)	**boos**	[bōs]

7. Les vêtements. Les accessoires personnels

vêtement (m)	**kleren** (mv.)	['klerən]
manteau (m)	**jas (de)**	[jas]
manteau (m) de fourrure	**bontjas (de)**	[bɔnt jas]
veste (f) (~ en cuir)	**jasje (het)**	['jaɕə]
imperméable (m)	**regenjas (de)**	['rexən jas]
chemise (f)	**overhemd (het)**	['ɔvərhɛmt]
pantalon (m)	**broek (de)**	[bruk]
veston (m)	**colbert (de)**	['kɔlbər]
complet (m)	**kostuum (het)**	[kɔs'tūm]
robe (f)	**jurk (de)**	[jurk]
jupe (f)	**rok (de)**	[rɔk]
tee-shirt (m)	**T-shirt (het)**	['tiʃøt]
peignoir (m) de bain	**badjas (de)**	['batjas]
pyjama (m)	**pyjama (de)**	[pi'jama]
tenue (f) de travail	**werkkleding (de)**	['wɛrk·'klediŋ]
sous-vêtements (m pl)	**ondergoed (het)**	['ɔndərxut]
chaussettes (f pl)	**sokken**	['sɔkən]

soutien-gorge (m)	beha (de)	[be'ha]
collants (m pl)	panty (de)	['pɛnti]
bas (m pl)	nylonkousen	['nɛjlɔn·'kausən]
maillot (m) de bain	badpak (het)	['bad·pak]
chapeau (m)	hoed (de)	[hut]
chaussures (f pl)	schoeisel (het)	['sxuisəl]
bottes (f pl)	laarzen	['lārzən]
talon (m)	hiel (de)	[hil]
lacet (m)	veter (de)	['vetər]
cirage (m)	schoensmeer (de/het)	['sxun·smēr]
coton (m)	katoen (de/het)	[ka'tun]
laine (f)	wol (de)	[wɔl]
fourrure (f)	bont (het)	[bɔnt]
gants (m pl)	handschoenen	['xand 'sxunən]
moufles (f pl)	wanten	['wantən]
écharpe (f)	sjaal (de)	[cāl]
lunettes (f pl)	bril (de)	[bril]
parapluie (m)	paraplu (de)	[parap'lʉ]
cravate (f)	das (de)	[das]
mouchoir (m)	zakdoek (de)	['zagduk]
peigne (m)	kam (de)	[kam]
brosse (f) à cheveux	haarborstel (de)	[hār·'bɔrstəl]
boucle (f)	gesp (de)	[xɛsp]
ceinture (f)	broekriem (de)	['bruk·rim]
sac (m) à main	damestas (de)	['daməs·tas]
col (m)	kraag (de)	[krāx]
poche (f)	zak (de)	[zak]
manche (f)	mouw (de)	['mau]
braguette (f)	gulp (de)	[xʲulp]
fermeture (f) à glissière	rits (de)	[rits]
bouton (m)	knoop (de)	[knõp]
se salir (vp)	vies worden	[vis 'wɔrdən]
tache (f)	vlek (de)	[vlɛk]

8. La ville. Les établissements publics

magasin (m)	winkel (de)	['winkəl]
centre (m) commercial	winkelcentrum (het)	['winkəl·'sɛntrʉm]
supermarché (m)	supermarkt (de)	['supərmarkt]
magasin (m) de chaussures	schoenwinkel (de)	['sxun·'winkəl]
librairie (f)	boekhandel (de)	['bukən·'handəl]
pharmacie (f)	apotheek (de)	[apo'tēk]
boulangerie (f)	bakkerij (de)	['bakərɛj]

pâtisserie (f)	banketbakkerij (de)	[ban'ket·bakə'rɛj]
épicerie (f)	kruidenier (de)	[krœydə'nir]
boucherie (f)	slagerij (de)	[slaxə'rɛj]
magasin (m) de légumes	groentewinkel (de)	['xruntə·'winkəl]
marché (m)	markt (de)	[markt]
salon (m) de coiffure	kapperssalon (de/het)	['kapərs·sa'lɔn]
poste (f)	postkantoor (het)	[pɔst·kan'tōr]
pressing (m)	stomerij (de)	[stɔmɛ'rɛj]
cirque (m)	circus (de/het)	['sirkʉs]
zoo (m)	dierentuin (de)	['dīrən·tœyn]
théâtre (m)	theater (het)	[te'atər]
cinéma (m)	bioscoop (de)	[biɔ'skōp]
musée (m)	museum (het)	[mʉ'zejum]
bibliothèque (f)	bibliotheek (de)	[bibliɔ'tēk]
mosquée (f)	moskee (de)	[mɔs'kē]
synagogue (f)	synagoge (de)	[sina'xɔxə]
cathédrale (f)	kathedraal (de)	[kate'drāl]
temple (m)	tempel (de)	['tɛmpəl]
église (f)	kerk (de)	[kɛrk]
institut (m)	instituut (het)	[insti'tūt]
université (f)	universiteit (de)	[junivɛrsi'tɛjt]
école (f)	school (de)	[sxōl]
hôtel (m)	hotel (het)	[hɔ'tɛl]
banque (f)	bank (de)	[bank]
ambassade (f)	ambassade (de)	[amba'sadə]
agence (f) de voyages	reisbureau (het)	[rɛjs·bʉ'rɔ]
métro (m)	metro (de)	['metrɔ]
hôpital (m)	ziekenhuis (het)	['zikən·hœys]
station-service (f)	benzinestation (het)	[bɛn'zinə·sta'tsjɔn]
parking (m)	parking (de)	['parkiŋ]
ENTRÉE	INGANG	['inxaŋ]
SORTIE	UITGANG	['œytxaŋ]
POUSSER	DUWEN	['dʉwən]
TIRER	TREKKEN	['trɛkən]
OUVERT	OPEN	['ɔpən]
FERMÉ	GESLOTEN	[xə'slɔtən]
monument (m)	monument (het)	[mɔnʉ'mɛnt]
forteresse (f)	vesting (de)	['vɛstiŋ]
palais (m)	paleis (het)	[pa'lɛjs]
médiéval (adj)	middeleeuws	['midəlēws]
ancien (adj)	oud	['aut]
national (adj)	nationaal	[natsjɔ'nāl]
connu (adj)	bekend	[bə'kɛnt]

9. L'argent. Les finances

argent (m)	**geld (het)**	[xɛlt]
monnaie (f)	**muntstuk (de)**	['muntstʉk]
dollar (m)	**dollar (de)**	['dɔlar]
euro (m)	**euro (de)**	[ørɔ]
distributeur (m)	**geldautomaat (de)**	[xɛlt·autoˈmāt]
bureau (m) de change	**wisselkantoor (het)**	[ˈwisəl·kanˈtōr]
cours (m) de change	**koers (de)**	[kurs]
espèces (f pl)	**baar geld (het)**	[bār ˈxɛlt]
Combien?	**Hoeveel?**	[huˈvēl]
payer (régler)	**betalen**	[bəˈtalən]
paiement (m)	**betaling (de)**	[bəˈtaliŋ]
monnaie (f) (rendre la ~)	**wisselgeld (het)**	[ˈwisəl·xɛlt]
prix (m)	**prijs (de)**	[prɛjs]
rabais (m)	**korting (de)**	[ˈkɔrtiŋ]
bon marché (adj)	**goedkoop**	[xutˈkōp]
cher (adj)	**duur**	[dūr]
banque (f)	**bank (de)**	[bank]
compte (m)	**bankrekening (de)**	[bank·ˈrekəniŋ]
carte (f) de crédit	**kredietkaart (de)**	[kreˈdit·kārt]
chèque (m)	**cheque (de)**	[ʃɛk]
faire un chèque	**een cheque uitschrijven**	[en ʃɛk œytˈsxrɛjvən]
chéquier (m)	**chequeboekje (het)**	[ʃɛk·ˈbukjə]
dette (f)	**schuld (de)**	[sxʉlt]
débiteur (m)	**schuldenaar (de)**	[ˈsxuldonār]
prêter (vt)	**uitlenen**	[ˈœytlənən]
emprunter (vt)	**lenen**	[ˈlenən]
louer (une voiture, etc.)	**huren**	[ˈhʉrən]
à crédit (adv)	**op krediet**	[ɔp kreˈdit]
portefeuille (m)	**portefeuille (de)**	[pɔrteˈfœyə]
coffre fort (m)	**safe (de)**	[sef]
héritage (m)	**erfenis (de)**	[ˈɛrfənis]
fortune (f)	**fortuin (het)**	[fɔrˈtœyn]
impôt (m)	**belasting (de)**	[bəˈlastiŋ]
amende (f)	**boete (de)**	[ˈbutə]
mettre une amende	**beboeten**	[bəˈbutən]
en gros (adj)	**groothandels-**	[xrōtˈhandəls]
au détail (adj)	**kleinhandels-**	[klɛjnˈhandəls]
assurer (vt)	**verzekeren**	[vərˈzekərən]
assurance (f)	**verzekering (de)**	[vərˈzekəriŋ]
capital (m)	**kapitaal (het)**	[kapiˈtāl]
chiffre (m) d'affaires	**omzet (de)**	[ˈɔmzɛt]

action (f)	aandeel (het)	['āndəl]
profit (m)	winst (de)	[winst]
profitable (adj)	winstgevend	[winst'xevənt]
crise (f)	crisis (de)	['krisis]
faillite (f)	bankroet (het)	[bank'rut]
faire faillite	bankroet gaan	[bank'rut xān]
comptable (m)	boekhouder (de)	[buk 'haudər]
salaire (m)	salaris (het)	[sa'laris]
prime (f)	premie (de)	['premi]

10. Les transports

autobus (m)	bus, autobus (de)	[bʉs], ['autɔbʉs]
tramway (m)	tram (de)	[trɛm]
trolleybus (m)	trolleybus (de)	['trɔlibʉs]
prendre ...	rijden met ...	['rɛjdən mɛt]
monter (dans l'autobus)	stappen	['stapən]
descendre de ...	afstappen	['afstapən]
arrêt (m)	halte (de)	['haltə]
terminus (m)	eindpunt (het)	['ɛjnt·pʉnt]
horaire (m)	dienstregeling (de)	[dinst·'rexəliŋ]
ticket (m)	kaartje (het)	['kārtʃə]
être en retard	te laat zijn	[tə 'lāt zɛjn]
taxi (m)	taxi (de)	['taksi]
en taxi	met de taxi	[mɛt də 'taksi]
arrêt (m) de taxi	taxistandplaats (de)	['taksi·'stant·plāts]
trafic (m)	verkeer (het)	[vər'kēr]
heures (f pl) de pointe	spitsuur (het)	['spits·ūr]
se garer (vp)	parkeren	[par'kerən]
métro (m)	metro (de)	['metrɔ]
station (f)	halte (de)	['haltə]
train (m)	trein (de)	[trɛjn]
gare (f)	station (het)	[sta'tsjɔn]
rails (m pl)	rails	['rɛjls]
compartiment (m)	coupé (de)	[ku'pɛ]
couchette (f)	bed (het)	[bɛt]
avion (m)	vliegtuig (het)	['vlixtœyx]
billet (m) d'avion	vliegticket (het)	['vlix·'tikət]
compagnie (f) aérienne	luchtvaart- maatschappij (de)	['lʉxtvārt mātsxa'pɛj]
aéroport (m)	luchthaven (de)	['lʉxthavən]
vol (m) (~ d'oiseau)	vlucht (de)	[vlʉxt]

bagage (m)	bagage (de)	[ba'xaʒə]
chariot (m)	bagagekarretje (het)	[ba'xaʒə·'karɛtʃə]
bateau (m)	schip (het)	[sxip]
bateau (m) de croisière	lijnschip (het)	['lɛjn·sxip]
yacht (m)	jacht (het)	[jaxt]
canot (m) à rames	boot (de)	[bōt]
capitaine (m)	kapitein (de)	[kapi'tɛjn]
cabine (f)	kajuit (de)	[kajœyt]
port (m)	haven (de)	['havən]
vélo (m)	fiets (de)	[fits]
scooter (m)	bromfiets (de)	['brɔmfits]
moto (f)	motorfiets (de)	['motɔrfits]
pédale (f)	pedaal (de/het)	[pe'dāl]
pompe (f)	pomp (de)	[pɔmp]
roue (f)	wiel (het)	[wil]
automobile (f)	auto (de)	['autɔ]
ambulance (f)	ambulance (de)	[ambʉ'lansə]
camion (m)	vrachtwagen (de)	['vraht·'waxən]
d'occasion (adj)	tweedehands	[twēdə'hants]
accident (m) de voiture	auto-ongeval (het)	['auto-'ɔŋɛval]
réparation (f)	reparatie (de)	[repa'ratsi]

11. Les produits alimentaires. Partie 1

viande (f)	vlees (het)	[vlēs]
poulet (m)	kip (de)	[kip]
canard (m)	eend (de)	[ēnt]
du porc	varkensvlees (het)	['varkəns·vlēs]
du veau	kalfsvlees (het)	['kalfs·vlēs]
du mouton	schapenvlees (het)	['sxapən·vlēs]
du bœuf	rundvlees (het)	['rʉnt·vlēs]
saucisson (m)	worst (de)	[wɔrst]
œuf (m)	ei (het)	[ɛj]
poisson (m)	vis (de)	[vis]
fromage (m)	kaas (de)	[kās]
sucre (m)	suiker (de)	[sœykər]
sel (m)	zout (het)	['zaut]
riz (m)	rijst (de)	[rɛjst]
pâtes (m pl)	pasta (de)	['pasta]
beurre (m)	boter (de)	['botər]
huile (f) végétale	plantaardige olie (de)	[plant'ārdixə 'ɔli]
pain (m)	brood (het)	[brōt]
chocolat (m)	chocolade (de)	[ʃɔkɔ'ladə]

vin (m)	wijn (de)	[wɛjn]
café (m)	koffie (de)	['kɔfi]
lait (m)	melk (de)	[mɛlk]
jus (m)	sap (het)	[sap]
bière (f)	bier (het)	[bir]
thé (m)	thee (de)	[tē]
tomate (f)	tomaat (de)	[tɔ'māt]
concombre (m)	augurk (de)	[au'xʉrk]
carotte (f)	wortel (de)	['wɔrtəl]
pomme (f) de terre	aardappel (de)	['ārd·apəl]
oignon (m)	ui (de)	['œy]
ail (m)	knoflook (de)	['knōflɔk]
chou (m)	kool (de)	[kōl]
betterave (f)	rode biet (de)	['rɔdə bit]
aubergine (f)	aubergine (de)	[ɔbɛr'ʒinə]
fenouil (m)	dille (de)	['dilə]
laitue (f) (salade)	sla (de)	[sla]
maïs (m)	maïs (de)	[majs]
fruit (m)	vrucht (de)	[vrʉxt]
pomme (f)	appel (de)	['apəl]
poire (f)	peer (de)	[pēr]
citron (m)	citroen (de)	[si'trun]
orange (f)	sinaasappel (de)	['sināsapəl]
fraise (f)	aardbei (de)	['ārd·bɛj]
prune (f)	pruim (de)	['prœym]
framboise (f)	framboos (de)	[fram'bōs]
ananas (m)	ananas (de)	['ananas]
banane (f)	banaan (de)	[ba'nān]
pastèque (f)	watermeloen (de)	['watɛrmɛ'lun]
raisin (m)	druif (de)	[drœyf]
melon (m)	meloen (de)	[mə'lun]

12. Les produits alimentaires. Partie 2

cuisine (f)	keuken (de)	['køkən]
recette (f)	recept (het)	[re'sɛpt]
nourriture (f)	eten (het)	['etən]
prendre le petit déjeuner	ontbijten	[ɔn'bɛjtən]
déjeuner (vi)	lunchen	['lʉnʃən]
dîner (vi)	souperen	[su'perən]
goût (m)	smaak (de)	[smāk]
bon (savoureux)	lekker	['lɛkər]
froid (adj)	koud	['kaut]
chaud (adj)	heet	['hēt]

sucré (adj)	zoet	[zut]
salé (adj)	gezouten	[xəˈzautən]
sandwich (m)	boterham (de)	[ˈbotərham]
garniture (f)	garnering (de)	[xarˈneriŋ]
garniture (f)	vulling (de)	[ˈvʉliŋ]
sauce (f)	saus (de)	[ˈsaus]
morceau (m)	stuk (het)	[stʉk]
régime (m)	dieet (het)	[diˈēt]
vitamine (f)	vitamine (de)	[vitaˈminə]
calorie (f)	calorie (de)	[kaloˈri]
végétarien (m)	vegetariër (de)	[vəxɛˈtarier]
restaurant (m)	restaurant (het)	[rɛstoˈrant]
salon (m) de café	koffiehuis (het)	[ˈkofi·hœys]
appétit (m)	eetlust (de)	[ˈētlʉst]
Bon appétit!	Eet smakelijk!	[ēt ˈsmakələk]
serveur (m)	kelner, ober (de)	[ˈkɛlnər], [ˈɔbər]
serveuse (f)	serveerster (de)	[sɛrˈvērstər]
barman (m)	barman (de)	[ˈbarman]
carte (f)	menu (het)	[meˈnʉ]
cuillère (f)	lepel (de)	[ˈlepəl]
couteau (m)	mes (het)	[mɛs]
fourchette (f)	vork (de)	[vɔrk]
tasse (f)	kopje (het)	[ˈkɔpjə]
assiette (f)	bord (het)	[bɔrt]
soucoupe (f)	schoteltje (het)	[ˈsxɔtelt∫ə]
serviette (f)	servet (het)	[sɛrˈvɛt]
cure-dent (m)	tandenstoker (de)	[ˈtandən·ˈstokər]
commander (vt)	bestellen	[bəˈstɛlən]
plat (m)	gerecht (het)	[xəˈrɛht]
portion (f)	portie (de)	[ˈpɔrsi]
hors-d'œuvre (m)	voorgerecht (het)	[ˈvōrxərɛht]
salade (f)	salade (de)	[saˈladə]
soupe (f)	soep (de)	[sup]
dessert (m)	dessert (het)	[dɛˈsɛːr]
confiture (f)	confituur (de)	[konfiˈtūr]
glace (f)	ijsje (het)	[ˈɛisjə], [ˈɛi∫ə]
addition (f)	rekening (de)	[ˈrekəniŋ]
régler l'addition	de rekening betalen	[də ˈrekəniŋ bəˈtalən]
pourboire (m)	fooi (de)	[fōj]

13. La maison. L'appartement. Partie 1

maison (f)	huis (het)	[ˈhœys]
maison (f) de campagne	landhuisje (het)	[ˈlant·hœyɕə]

villa (f)	villa (de)	['vila]
étage (m)	verdieping (de)	[vər'dipiŋ]
entrée (f)	ingang (de)	['inxaŋ]
mur (m)	muur (de)	[mūr]
toit (m)	dak (het)	[dak]
cheminée (f)	schoorsteen (de)	['sxōr·stēn]
grenier (m)	zolder (de)	['zɔldər]
fenêtre (f)	venster (het)	['vɛnstər]
rebord (m)	vensterbank (de)	['vɛnstər·bank]
balcon (m)	balkon (het)	[bal'kɔn]
escalier (m)	trap (de)	[trap]
boîte (f) à lettres	postbus (de)	['pɔst·bʉs]
poubelle (f) d'extérieur	vuilnisbak (de)	['vœylnis·bak]
ascenseur (m)	lift (de)	[lift]
électricité (f)	elektriciteit (de)	[ɛlɛktrisi'tɛjt]
ampoule (f)	lamp (de)	[lamp]
interrupteur (m)	schakelaar (de)	['sxakəlār]
prise (f)	stopcontact (het)	['stɔp·kɔn'takt]
fusible (m)	zekering (de)	['zekəriŋ]
porte (f)	deur (de)	['dør]
poignée (f)	deurkruk (de)	['dør·krʉk]
clé (f)	sleutel (de)	['sløtəl]
paillasson (m)	deurmat (de)	['dør·mat]
serrure (f)	slot (het)	[slɔt]
sonnette (f)	deurbel (de)	['dør·bel]
coups (m pl) à la porte	geklop (het)	[xə'klɔp]
frapper (~ à la porte)	kloppen	['klɔpən]
judas (m)	deurspion (de)	['dør·spiɔn]
cour (f)	cour (de)	[kur]
jardin (m)	tuin (de)	['tœyn]
piscine (f)	zwembad (het)	['zwɛm·bat]
salle (f) de gym	gym (het)	[ʒim]
court (m) de tennis	tennisveld (het)	['tɛnis·vɛlt]
garage (m)	garage (de)	[xa'raʒə]
propriété (f) privée	privé-eigendom (het)	[pri've-'ɛjxəndɔm]
panneau d'avertissement	waarschuwings-bord (het)	['wārsxjuviŋs bɔrt]
sécurité (f)	bewaking (de)	[bə'wakiŋ]
agent (m) de sécurité	bewaker (de)	[bə'wakər]
rénovation (f)	renovatie (de)	[renɔ'vatsi]
faire la rénovation	renoveren	[renɔ'virən]
remettre en ordre	op orde brengen	[ɔp 'ɔrdə 'brɛŋən]
peindre (des murs)	verven	['vɛrvən]
papier (m) peint	behang (het)	[bə'haŋ]

vernir (vt)	lakken	['lakən]
tuyau (m)	buis, leiding (de)	['bœʏs], ['lɛjdiŋ]
outils (m pl)	gereedschap (het)	[xə'reːtsxap]
sous-sol (m)	kelder (de)	['kɛldər]
égouts (m pl)	riolering (de)	[riɔ'lɛriŋ]

14. La maison. L'appartement. Partie 2

appartement (m)	appartement (het)	[apartə'mɛnt]
chambre (f)	kamer (de)	['kamər]
chambre (f) à coucher	slaapkamer (de)	['slaːp·kamər]
salle (f) à manger	eetkamer (de)	[eːt·'kamər]

salon (m)	salon (de)	[sa'lɔn]
bureau (m)	studeerkamer (de)	[stu'deːr·'kamər]
antichambre (f)	gang (de)	[xaŋ]
salle (f) de bains	badkamer (de)	['bat·kamər]
toilettes (f pl)	toilet (het)	[tua'lɛt]

| plancher (m) | vloer (de) | [vluːr] |
| plafond (m) | plafond (het) | [pla'fɔnt] |

essuyer la poussière	stoffen	['stɔfən]
aspirateur (m)	stofzuiger (de)	['stɔf·zœʏxər]
passer l'aspirateur	stofzuigen	['stɔf·zœʏxən]

balai (m) à franges	zwabber (de)	['zwabər]
torchon (m)	poetsdoek (de)	['putsduk]
balayette (f) de sorgho	veger (de)	['vexər]
pelle (f) à ordures	stofblik (het)	['stɔf·blik]
meubles (m pl)	meubels	['møbəl]
table (f)	tafel (de)	['tafəl]
chaise (f)	stoel (de)	[stul]
fauteuil (m)	fauteuil (de)	[fɔ'tœj]

bibliothèque (f) (meuble)	boekenkast (de)	['bukən·kast]
rayon (m)	boekenrek (het)	['bukən·rɛk]
armoire (f)	kledingkast (de)	['klediŋ·kast]

miroir (m)	spiegel (de)	['spixəl]
tapis (m)	tapijt (het)	[ta'pɛjt]
cheminée (f)	haard (de)	[hɑrt]
rideaux (m pl)	gordijnen	[xɔr'dɛjnən]
lampe (f) de table	bureaulamp (de)	[bʉ'roː·lamp]
lustre (m)	luchter (de)	['lʉxtər]

cuisine (f)	keuken (de)	['køkən]
cuisinière (f) à gaz	gasfornuis (het)	[xas·fɔr'nœʏs]
cuisinière (f) électrique	elektrisch fornuis (het)	[ɛ'lɛktris fɔr'nœʏs]
four (m) micro-ondes	magnetronoven (de)	['mahnətrɔn·'oːvən]

Français	Néerlandais	Prononciation
réfrigérateur (m)	koelkast (de)	['kul·kast]
congélateur (m)	diepvriezer (de)	[dip·'vrizər]
lave-vaisselle (m)	vaatwasmachine (de)	['vātwas·ma'ʃinə]
robinet (m)	kraan (de)	[krān]
hachoir (m) à viande	vleesmolen (de)	['vlēs·mɔlən]
centrifugeuse (f)	vruchtenpers (de)	['vrʉxtən·pɛrs]
grille-pain (m)	toaster (de)	['tōstər]
batteur (m)	mixer (de)	['miksər]
machine (f) à café	koffiemachine (de)	['kɔfi·ma'ʃinə]
bouilloire (f)	fluitketel (de)	['flœʏt·'ketəl]
théière (f)	theepot (de)	['tē·pɔt]
téléviseur (m)	televisie (de)	[telə'vizi]
magnétoscope (m)	videorecorder (de)	['video·re'kɔrdər]
fer (m) à repasser	strijkijzer (het)	['strɛjk·ɛjzər]
téléphone (m)	telefoon (de)	[telə'fōn]

15. Les occupations. Le statut social

Français	Néerlandais	Prononciation
directeur (m)	directeur (de)	[dirɛk'tør]
supérieur (m)	baas (de)	[bās]
président (m)	president (de)	[prezi'dɛnt]
assistant (m)	assistent (de)	[asi'stɛnt]
secrétaire (m, f)	secretaris (de)	[sekre'taris]
propriétaire (m)	eigenaar (de)	['ɛjxənār]
partenaire (m)	partner (de)	['partnər]
actionnaire (m)	aandeelhouder (de)	['āndēl·haudər]
homme (m) d'affaires	zakenman (de)	['zakənman]
millionnaire (m)	miljonair (de)	[milju'nɛːr]
milliardaire (m)	miljardair (de)	[miljar'dɛːr]
acteur (m)	acteur (de)	[ak'tør]
architecte (m)	architect (de)	[arʃi'tɛkt]
banquier (m)	bankier (de)	[baŋ'kir]
courtier (m)	makelaar (de)	['makəlār]
vétérinaire (m)	dierenarts (de)	['dīrən·arts]
médecin (m)	dokter, arts (de)	['dɔktər], [arts]
femme (f) de chambre	kamermeisje (het)	['kamər·'mɛjɕə]
designer (m)	designer (de)	[di'zajnər]
correspondant (m)	correspondent (de)	[kɔrɛspɔn'dɛnt]
livreur (m)	koerier (de)	[ku'rir]
électricien (m)	elektricien (de)	[ɛlɛktri'sjen]
musicien (m)	muzikant (de)	[mʉzi'kant]
baby-sitter (m, f)	babysitter (de)	['bɛjbisitər]
coiffeur (m)	kapper (de)	['kapər]

berger (m)	**herder (de)**	['hɛrdər]
chanteur (m)	**zanger (de)**	['zaŋər]
traducteur (m)	**vertaler (de)**	[vər'talər]
écrivain (m)	**schrijver (de)**	['sxrɛjvər]
charpentier (m)	**timmerman (de)**	['timərman]
cuisinier (m)	**kok (de)**	[kɔk]
pompier (m)	**brandweerman (de)**	['brantwēr·man]
policier (m)	**politieagent (de)**	[po'litsi·a'xɛnt]
facteur (m)	**postbode (de)**	['pɔst·bodə]
programmeur (m)	**programmeur (de)**	[prɔxra'mør]
vendeur (m)	**verkoper (de)**	[vər'kɔpər]
ouvrier (m)	**arbeider (de)**	['arbɛjdər]
jardinier (m)	**tuinman (de)**	['tœyn·man]
plombier (m)	**loodgieter (de)**	['lōtxitər]
stomatologue (m)	**tandarts (de)**	['tand·arts]
hôtesse (f) de l'air	**stewardess (de)**	[stʉwər'dɛs]
danseur (m)	**danser (de)**	['dansər]
garde (m) du corps	**lijfwacht (de)**	['lɛjf·waxt]
savant (m)	**wetenschapper (de)**	['wetənsxapər]
professeur (m)	**meester (de)**	['mēstər]
fermier (m)	**landbouwer (de)**	['lantbauər]
chirurgien (m)	**chirurg (de)**	[ʃi'rʉrx]
mineur (m)	**mijnwerker (de)**	['mɛjn·wɛrkər]
cuisinier (m) en chef	**chef-kok (de)**	[ʃɛf-'kɔk]
chauffeur (m)	**chauffeur (de)**	[ʃɔ'før]

16. Le sport

type (m) de sport	**soort sport (de/het)**	[sōrt spɔrt]
football (m)	**voetbal (het)**	['vutbal]
hockey (m)	**hockey (het)**	['hɔki]
basket-ball (m)	**basketbal (het)**	['bāskətbal]
base-ball (m)	**baseball (het)**	['bejzbɔl]
volley-ball (m)	**volleybal (het)**	['vɔlibal]
boxe (f)	**boksen (het)**	['bɔksən]
lutte (f)	**worstelen (het)**	['wɔrstələn]
tennis (m)	**tennis (het)**	['tɛnis]
natation (f)	**zwemmen (het)**	['zwɛmən]
échecs (m pl)	**schaak (het)**	[sxāk]
course (f)	**hardlopen (het)**	['hardlopən]
athlétisme (m)	**atletiek (de)**	[atle'tik]
patinage (m) artistique	**kunstschaatsen (het)**	['kʉnst·'sxātsən]
cyclisme (m)	**wielersport (de)**	['wilər·spɔrt]
billard (m)	**biljart (het)**	[bi'ljart]

bodybuilding (m)	bodybuilding (de)	[bɔdi·'bildiŋ]
golf (m)	golf (het)	[gɔlf]
plongée (f)	duiken (het)	['dœykən]
voile (f)	zeilen (het)	['zɛjlən]
tir (m) à l'arc	boogschieten (het)	['bōx·'sxitən]

mi-temps (f)	helft (de)	[hɛlft]
mi-temps (f) (pause)	pauze (de)	['pauzə]
match (m) nul	gelijkspel (het)	[xə'lɛjk·spɛl]
faire match nul	in gelijk spel eindigen	[in xə'lɛjk spɛl 'ɛjndixən]

tapis (m) roulant	loopband (de)	['lōp·bant]
joueur (m)	speler (de)	['spelər]
remplaçant (m)	reservespeler (de)	[re'zɛrvə·'spelər]
banc (m) des remplaçants	reservebank (de)	[re'zɛrvə·bank]

match (m)	match, wedstrijd (de)	[matʃ], ['wɛtstrɛjt]
but (m)	doel (het)	[dul]
gardien (m) de but	doelman (de)	['dulman]
but (m)	goal (de)	[gōl]

Jeux (m pl) olympiques	Olympische Spelen	[ɔ'limpisə 'spelən]
établir un record	een record breken	[en re'kɔr 'brekən]
finale (f)	finale (de)	[fi'nalə]
champion (m)	kampioen (de)	[kam'pjun]
championnat (m)	kampioenschap (het)	[kam'pjunsxap]

gagnant (m)	winnaar (de)	['winār]
victoire (f)	overwinning (de)	[ɔvər'winiŋ]
gagner (vi)	winnen	['winən]
perdre (vi)	verliezen	[vər'lizən]
médaille (f)	medaille (de)	[me'dajə]

première place (f)	eerste plaats (de)	['ērstə plāts]
deuxième place (f)	tweede plaats (de)	['twēdə plāts]
troisième place (f)	derde plaats (de)	['dɛrdə plāts]

stade (m)	stadion (het)	[stadi'ɔn]
supporteur (m)	fan, supporter (de)	[fan], [sʉ'pɔrtər]
entraîneur (m)	trainer, coach (de)	['trɛnər], [kɔtʃ]
entraînement (m)	training (de)	['trɛjniŋ]

17. Les langues étrangères. L'orthographe

langue (f)	taal (de)	[tāl]
étudier (vt)	leren	['lerən]
prononciation (f)	uitspraak (de)	['œytsprāk]
accent (m)	accent (het)	[ak'sɛnt]
nom (m)	zelfstandig naamwoord (het)	[zɛlf'standix 'nāmwōrt]

adjectif (m)	bijvoeglijk naamwoord (het)	[bɛj'fuxlək 'nāmwõrt]
verbe (m)	werkwoord (het)	['wɛrk·vɔrt]
adverbe (m)	bijwoord (het)	['bɛj·wõrt]
pronom (m)	voornaamwoord (het)	['võrnām·wõrt]
interjection (f)	tussenwerpsel (het)	['tʉsən·'wɛrpsəl]
préposition (f)	voorzetsel (het)	['võrzɛtsəl]
racine (f)	stam (de)	[stam]
terminaison (f)	achtervoegsel (het)	['axtər·vuxsəl]
préfixe (m)	voorvoegsel (het)	['võr·vuxsəl]
syllabe (f)	lettergreep (de)	['lɛtər·xrēp]
suffixe (m)	achtervoegsel (het)	['axtər·vuxsəl]
accent (m) tonique	nadruk (de)	['nadrʉk]
point (m)	punt (de)	[pʉnt]
virgule (f)	komma (de/het)	['kɔma]
deux-points (m)	dubbelpunt (de)	['dʉbəl·pʉnt]
points (m pl) de suspension	beletselteken (het)	[bə'lɛtsel·'tekən]
question (f)	vraag (de)	[vrāx]
point (m) d'interrogation	vraagteken (het)	['vrāx·tekən]
point (m) d'exclamation	uitroepteken (het)	['œytrup·tekən]
entre guillemets	tussen aanhalingstekens	['tʉsən 'ānhaliŋ's·tekəns]
entre parenthèses	tussen haakjes	['tʉsən 'hākjəs]
lettre (f)	letter (de)	['lɛtər]
majuscule (f)	hoofdletter (de)	[hõft·'lɛtər]
proposition (f)	zin (de)	[zin]
groupe (m) de mots	woordgroep (de)	['wõrt·xrup]
expression (f)	uitdrukking (de)	['œydrykiŋ]
sujet (m)	onderwerp (het)	['ɔndərwɛrp]
prédicat (m)	gezegde (het)	[xə'zɛxdə]
ligne (f)	regel (de)	['rexəl]
paragraphe (m)	alinea (de)	[a'linɛa]
synonyme (m)	synoniem (het)	[sinɔ'nim]
antonyme (m)	antoniem (het)	[antɔ'nim]
exception (f)	uitzondering (de)	['œytzɔndəriŋ]
souligner (vt)	onderstrepen	['ɔndər'strepən]
règles (f pl)	regels	['rexəls]
grammaire (f)	grammatica (de)	[xra'matika]
vocabulaire (m)	vocabulaire (het)	[vɔkabʉ'lɛ:r]
phonétique (f)	fonetiek (de)	[fɔnɛ'tik]
alphabet (m)	alfabet (het)	['alfabət]
manuel (m)	leerboek (het)	['lēr·buk]
dictionnaire (m)	woordenboek (het)	['wõrdən·buk]

guide (m) de conversation	taalgids (de)	['tāl·xits]
mot (m)	woord (het)	[wŏrt]
sens (m)	betekenis (de)	[bə'tekənis]
mémoire (f)	geheugen (het)	[xə'hɵxən]

18. La Terre. La géographie

Terre (f)	Aarde (de)	['ārdə]
globe (m) terrestre	aardbol (de)	['ārd·bɔl]
planète (f)	planeet (de)	[pla'nēt]
géographie (f)	aardrijkskunde (de)	['ārdrɛjkskʉndə]
nature (f)	natuur (de)	[na'tūr]
carte (f)	kaart (de)	[kārt]
atlas (m)	atlas (de)	['atlas]
au nord	in het noorden	[in ət 'nōrdən]
au sud	in het zuiden	[in ət 'zœydən]
à l'occident	in het westen	[in ət 'wɛstən]
à l'orient	in het oosten	[in ət 'ōstən]
mer (f)	zee (de)	[zē]
océan (m)	oceaan (de)	[ɔse'ān]
golfe (m)	golf (de)	[xɔlf]
détroit (m)	straat (de)	[strāt]
continent (m)	continent (het)	[kɔnti'nɛnt]
île (f)	eiland (het)	['ɛjlant]
presqu'île (f)	schiereiland (het)	['sxir·ɛjlant]
archipel (m)	archipel (de)	[arxipɛl]
port (m)	haven (de)	['havən]
récif (m) de corail	koraalrif (het)	[kɔ'rāl·rif]
littoral (m)	oever (de)	['uvər]
côte (f)	kust (de)	[kʉst]
marée (f) haute	vloed (de)	['vlut]
marée (f) basse	eb (de)	[ɛb]
latitude (f)	breedtegraad (de)	['brētə·xrāt]
longitude (f)	lengtegraad (de)	['lɛŋtə·xrāt]
parallèle (f)	parallel (de)	[para'lɛl]
équateur (m)	evenaar (de)	['ɛvənār]
ciel (m)	hemel (de)	['heməl]
horizon (m)	horizon (de)	['hɔrizɔn]
atmosphère (f)	atmosfeer (de)	[atmɔ'sfēr]
montagne (f)	berg (de)	[bɛrx]
sommet (m)	bergtop (de)	['bɛrx·tɔp]

rocher (m)	klip (de)	[klip]
colline (f)	heuvel (de)	['høvəl]
volcan (m)	vulkaan (de)	[vʉl'kān]
glacier (m)	gletsjer (de)	['xletʃər]
chute (f) d'eau	waterval (de)	['watər·val]
plaine (f)	vlakte (de)	['vlaktə]
rivière (f), fleuve (m)	rivier (de)	[ri'vir]
source (f)	bron (de)	[brɔn]
rive (f)	oever (de)	['uvər]
en aval	stroomafwaarts	[strōm·'afwārts]
en amont	stroomopwaarts	[strōm·'ɔpwārts]
lac (m)	meer (het)	[mēr]
barrage (m)	dam (de)	[dam]
canal (m)	kanaal (het)	[ka'nāl]
marais (m)	moeras (het)	[mu'ras]
glace (f)	ijs (het)	[ɛjs]

19. Les pays du monde. Partie 1

Europe (f)	Europa (het)	[ø'rɔpa]
Union (f) européenne	Europese Unie (de)	[ørɔ'pezə 'juni]
européen (m)	Europeaan (de)	[ørope'ān]
européen (adj)	Europees	[ørɔ'pēs]
Autriche (f)	Oostenrijk (het)	['ōstənrɛjk]
Grande-Bretagne (f)	Groot-Brittannië (het)	[xrōt·bri'tanie]
Angleterre (f)	Engeland (het)	['ɛŋɛlant]
Belgique (f)	België (het)	['bɛlxiə]
Allemagne (f)	Duitsland (het)	['dœʏtslant]
Pays-Bas (m)	Nederland (het)	['nedərlant]
Hollande (f)	Holland (het)	['hɔlant]
Grèce (f)	Griekenland (het)	['xrikənlant]
Danemark (m)	Denemarken (het)	['denəmarkən]
Irlande (f)	Ierland (het)	['īrlant]
Islande (f)	IJsland (het)	['ɛjslant]
Espagne (f)	Spanje (het)	['spanjə]
Italie (f)	Italië (het)	[i'taliə]
Chypre (m)	Cyprus (het)	['siprʉs]
Malte (f)	Malta (het)	['malta]
Norvège (f)	Noorwegen (het)	['nōrwexən]
Portugal (m)	Portugal (het)	[pɔrtʉxal]
Finlande (f)	Finland (het)	['finlant]
France (f)	Frankrijk (het)	['frankrɛjk]
Suède (f)	Zweden (het)	['zwedən]

Suisse (f)	Zwitserland (het)	['zwitsərlant]
Écosse (f)	Schotland (het)	['sxɔtlant]
Vatican (m)	Vaticaanstad (de)	[vati'kān·stat]
Liechtenstein (m)	Liechtenstein (het)	['lixtɛnstɛjn]
Luxembourg (m)	Luxemburg (het)	['lʉksɛmbʉrx]

Monaco (m)	Monaco (het)	[mɔ'nakɔ]
Albanie (f)	Albanië (het)	[al'baniə]
Bulgarie (f)	Bulgarije (het)	[bʉlxa'rɛjə]
Hongrie (f)	Hongarije (het)	[hɔnxa'rɛjə]
Lettonie (f)	Letland (het)	['lɛtlant]

Lituanie (f)	Litouwen (het)	[li'tauən]
Pologne (f)	Polen (het)	['pɔlən]
Roumanie (f)	Roemenië (het)	[ru'meniə]
Serbie (f)	Servië (het)	['sɛrviə]
Slovaquie (f)	Slowakije (het)	[slɔwa'kɛjə]

Croatie (f)	Kroatië (het)	[krɔ'asiə]
République (f) Tchèque	Tsjechië (het)	['tʃɛxiə]
Estonie (f)	Estland (het)	['ɛstlant]
Bosnie (f)	Bosnië en Herzegovina (het)	['bɔsniə ən hɛrzə'xɔvina]
Macédoine (f)	Macedonië (het)	[make'dɔniə]

Slovénie (f)	Slovenië (het)	[slɔ'vɛniə]
Monténégro (m)	Montenegro (het)	[mɔntə'nɛxrɔ]
Biélorussie (f)	Wit-Rusland (het)	[wit-'rʉslant]
Moldavie (f)	Moldavië (het)	[mɔl'daviə]
Russie (f)	Rusland (het)	['rʉslant]
Ukraine (f)	Oekraïne (het)	[ukra'inə]

20. Les pays du monde. Partie 2

Asie (f)	Azië (het)	['āzijə]
Vietnam (m)	Vietnam (het)	[vjet'nam]
Inde (f)	India (het)	['india]
Israël (m)	Israël (het)	['israɛl]
Chine (f)	China (het)	['ʃina]

Liban (m)	Libanon (het)	['libanɔn]
Mongolie (f)	Mongolië (het)	[mɔn'xɔliə]
Malaisie (f)	Maleisië (het)	[ma'lɛjziə]
Pakistan (m)	Pakistan (het)	['pakistan]
Arabie (f) Saoudite	Saoedi-Arabië (het)	[sa'udi-a'rabiə]

Thaïlande (f)	Thailand (het)	['tailant]
Taïwan (m)	Taiwan (het)	[taj'wan]
Turquie (f)	Turkije (het)	[tʉr'kɛjə]
Japon (m)	Japan (het)	[ja'pan]

Afghanistan (m)	Afghanistan (het)	[afˈxanistan]
Bangladesh (m)	Bangladesh (het)	[banhlaˈdɛʃ]
Indonésie (f)	Indonesië (het)	[indɔˈnɛsiə]
Jordanie (f)	Jordanië (het)	[jorˈdaniə]
Iraq (m)	Irak (het)	[iˈrak]
Iran (m)	Iran (het)	[iˈran]
Cambodge (m)	Cambodja (het)	[kamˈbɔdja]
Koweït (m)	Koeweit (het)	[kuˈwɛjt]
Laos (m)	Laos (het)	[ˈlaɔs]
Myanmar (m)	Myanmar (het)	[ˈmjanmar]
Népal (m)	Nepal (het)	[neˈpal]
Fédération (f) des Émirats Arabes Unis	Verenigde Arabische Emiraten	[vəˈrɛnixdə aˈrabisə ɛmiˈratən]
Syrie (f)	Syrië (het)	[ˈsiriə]
Palestine (f)	Palestijnse autonomie (de)	[paleˈstɛjnsə autɔnɔˈmi]
Corée (f) du Sud	Zuid-Korea (het)	[ˈzœyd-kɔˈrea]
Corée (f) du Nord	Noord-Korea (het)	[nōrd-kɔˈrea]
Les États Unis	Verenigde Staten van Amerika	[vəˈrɛnixdə ˈstatən van aˈmerika]
Canada (m)	Canada (het)	[ˈkanada]
Mexique (m)	Mexico (het)	[ˈmeksikɔ]
Argentine (f)	Argentinië (het)	[arxɛnˈtiniə]
Brésil (m)	Brazilië (het)	[braˈziliə]
Colombie (f)	Colombia (het)	[kɔˈlɔmbia]
Cuba (f)	Cuba (het)	[ˈkuba]
Chili (m)	Chili (het)	[ˈʃili]
Venezuela (f)	Venezuela (het)	[venəzuˈɛla]
Équateur (m)	Ecuador (het)	[ɛkwaˈdɔr]
Bahamas (f pl)	Bahama's	[baˈhamas]
Panamá (m)	Panama (het)	[ˈpanama]
Égypte (f)	Egypte (het)	[ɛˈxiptə]
Maroc (m)	Marokko (het)	[maˈrɔkɔ]
Tunisie (f)	Tunesië (het)	[tʉˈnɛziə]
Kenya (m)	Kenia (het)	[ˈkenia]
Libye (f)	Libië (het)	[ˈlibiə]
République (f) Sud-africaine	Zuid-Afrika (het)	[ˈzœyd-ˈafrika]
Australie (f)	Australië (het)	[ɔuˈstraliə]
Nouvelle Zélande (f)	Nieuw-Zeeland (het)	[niu-ˈzēlant]

21. Le temps. Les catastrophes naturelles

temps (m)	weer (het)	[wēr]
météo (f)	weersvoorspelling (de)	[ˈwērs·vōrˈspɛliŋ]

température (f)	**temperatuur (de)**	[tɛmpəra'tūr]
thermomètre (m)	**thermometer (de)**	['tɛrmɔmetər]
baromètre (m)	**barometer (de)**	['barɔ'metər]
soleil (m)	**zon (de)**	[zɔn]
briller (soleil)	**schijnen**	['sxɛjnən]
ensoleillé (jour ~)	**zonnig**	['zɔnɛx]
se lever (vp)	**opgaan**	['ɔpxān]
se coucher (vp)	**ondergaan**	['ɔndərxān]
pluie (f)	**regen (de)**	['rexən]
il pleut	**het regent**	[ət 'rexənt]
pluie (f) torrentielle	**plensbui (de)**	['plɛnsbœy]
nuée (f)	**regenwolk (de)**	['rexən·wɔlk]
flaque (f)	**plas (de)**	[plas]
se faire mouiller	**nat worden**	[nat 'wɔrdən]
orage (m)	**noodweer (het)**	['nɔtwer]
éclair (m)	**bliksem (de)**	['bliksəm]
éclater (foudre)	**flitsen**	['flitsən]
tonnerre (m)	**donder (de)**	['dɔndər]
le tonnerre gronde	**het dondert**	[ət 'dɔndərt]
grêle (f)	**hagel (de)**	['haxəl]
il grêle	**het hagelt**	[ət 'haxəlt]
chaleur (f) (canicule)	**hitte (de)**	['hitə]
il fait très chaud	**het is heet**	[ət is hēt]
il fait chaud	**het is warm**	[ət is warm]
il fait froid	**het is koud**	[ət is 'kaut]
brouillard (m)	**mist (de)**	[mist]
brumeux (adj)	**mistig**	['mistəx]
nuage (m)	**wolk (de)**	[wɔlk]
nuageux (adj)	**bewolkt**	[bə'wɔlkt]
humidité (f)	**vochtigheid (de)**	['vɔhtixhɛjt]
neige (f)	**sneeuw (de)**	[snēw]
il neige	**het sneeuwt**	[ət 'snēwt]
gel (m)	**vorst (de)**	[vɔrst]
au-dessous de zéro	**onder nul**	['ɔndər nʉl]
givre (m)	**rijp (de)**	[rɛjp]
intempéries (f pl)	**onweer (het)**	['ɔnwēr]
catastrophe (f)	**ramp (de)**	[ramp]
inondation (f)	**overstroming (de)**	[ɔvər'strɔmiŋ]
avalanche (f)	**lawine (de)**	[la'winə]
tremblement (m) de terre	**aardbeving (de)**	['ārd·beviŋ]
secousse (f)	**aardschok (de)**	['ārd·sxɔk]
épicentre (m)	**epicentrum (het)**	[ɛpi'sɛntrʉm]
éruption (f)	**uitbarsting (de)**	['œytbarstiŋ]
lave (f)	**lava (de)**	['lava]

tornade (f)	**windhoos (de)**	['windhōs]
tourbillon (m)	**wervelwind (de)**	['wɛrvəl·vint]
ouragan (m)	**orkaan (de)**	[ɔr'kān]
tsunami (m)	**tsunami (de)**	[tsʉ'nami]
cyclone (m)	**cycloon (de)**	[si'klōn]

22. Les animaux. Partie 1

animal (m)	**dier (het)**	[dīr]
prédateur (m)	**roofdier (het)**	['rōf·dīr]
tigre (m)	**tijger (de)**	['tɛjxər]
lion (m)	**leeuw (de)**	[lēw]
loup (m)	**wolf (de)**	[wolf]
renard (m)	**vos (de)**	[vɔs]
jaguar (m)	**jaguar (de)**	['jaguar]
lynx (m)	**lynx (de)**	[links]
coyote (m)	**coyote (de)**	[kɔ'jot]
chacal (m)	**jakhals (de)**	['jakhals]
hyène (f)	**hyena (de)**	[hi'ena]
écureuil (m)	**eekhoorn (de)**	['ēkhōrn]
hérisson (m)	**egel (de)**	['exəl]
lapin (m)	**konijn (het)**	[kɔ'nɛjn]
raton (m)	**wasbeer (de)**	['wasbēr]
hamster (m)	**hamster (de)**	['hamstər]
taupe (f)	**mol (de)**	[mɔl]
souris (f)	**muis (de)**	[mœys]
rat (m)	**rat (de)**	[rat]
chauve-souris (f)	**vleermuis (de)**	['vlēr·mœys]
castor (m)	**bever (de)**	['bɛvər]
cheval (m)	**paard (het)**	[pārt]
cerf (m)	**hert (het)**	[hɛrt]
chameau (m)	**kameel (de)**	[ka'mēl]
zèbre (m)	**zebra (de)**	['zɛbra]
baleine (f)	**walvis (de)**	['walvis]
phoque (m)	**rob (de)**	[rɔb]
morse (m)	**walrus (de)**	['walrʉs]
dauphin (m)	**dolfijn (de)**	[dɔl'fɛjn]
ours (m)	**beer (de)**	[bēr]
singe (m)	**aap (de)**	[āp]
éléphant (m)	**olifant (de)**	['ɔlifant]
rhinocéros (m)	**neushoorn (de)**	['nøshōrn]
girafe (f)	**giraffe (de)**	[xi'rafə]
hippopotame (m)	**nijlpaard (het)**	['nɛjl·pārt]

| kangourou (m) | kangoeroe (de) | ['kanxəru] |
| chat (m) (femelle) | poes (de) | [pus] |

vache (f)	koe (de)	[ku]
taureau (m)	stier (de)	[stir]
brebis (f)	schaap (het)	[sxãp]
chèvre (f)	geit (de)	[xɛjt]

âne (m)	ezel (de)	['ezəl]
cochon (m)	varken (het)	['varkən]
poule (f)	kip (de)	[kip]
coq (m)	haan (de)	[hãn]

canard (m)	eend (de)	[ẽnt]
oie (f)	gans (de)	[xans]
dinde (f)	kalkoen (de)	[kal'kun]
berger (m)	herdershond (de)	['hɛrdərs·hɔnt]

23. Les animaux. Partie 2

oiseau (m)	vogel (de)	['vɔxəl]
pigeon (m)	duif (de)	['dœyf]
moineau (m)	mus (de)	[mʉs]
mésange (f)	koolmees (de)	['kõlmẽs]
pie (f)	ekster (de)	['ɛkstər]

aigle (m)	arend (de)	['arənt]
épervier (m)	havik (de)	['havik]
faucon (m)	valk (de)	[valk]

cygne (m)	zwaan (de)	[zwãn]
grue (f)	kraanvogel (de)	['krãn·vɔxəl]
cigogne (f)	ooievaar (de)	['õjevãr]
perroquet (m)	papegaai (de)	[papə'xãj]
paon (m)	pauw (de)	['pau]
autruche (f)	struisvogel (de)	['strœys·vɔxəl]

héron (m)	reiger (de)	['rɛjxər]
rossignol (m)	nachtegaal (de)	['nahtəxãl]
hirondelle (f)	zwaluw (de)	['zwalʉv]
pivert (m)	specht (de)	[spɛxt]
coucou (m)	koekoek (de)	['kukuk]
chouette (f)	uil (de)	['œyl]

pingouin (m)	pinguïn (de)	['piŋgwin]
thon (m)	tonijn (de)	[tɔ'nɛjn]
truite (f)	forel (de)	[fɔ'rɛl]
anguille (f)	paling (de)	[pa'liŋ]
requin (m)	haai (de)	[hãj]
crabe (m)	krab (de)	[krab]

méduse (f)	kwal (de)	['kwal]
pieuvre (f), poulpe (m)	octopus (de)	['ɔktɔpʉs]
étoile (f) de mer	zeester (de)	['zē·stər]
oursin (m)	zee-egel (de)	[zē-'exəl]
hippocampe (m)	zeepaardje (het)	['zē·pārtjə]
crevette (f)	garnaal (de)	[xar'nāl]
serpent (m)	slang (de)	[slaŋ]
vipère (f)	adder (de)	['adər]
lézard (m)	hagedis (de)	['haxədis]
iguane (m)	leguaan (de)	[lexʉ'ān]
caméléon (m)	kameleon (de)	[kamele'ɔn]
scorpion (m)	schorpioen (de)	[sxɔrpi'un]
tortue (f)	schildpad (de)	['sxildpat]
grenouille (f)	kikker (de)	['kikər]
crocodile (m)	krokodil (de)	[krɔkɔ'dil]
insecte (m)	insect (het)	[in'sɛkt]
papillon (m)	vlinder (de)	['vlindər]
fourmi (f)	mier (de)	[mir]
mouche (f)	vlieg (de)	[vlix]
moustique (m)	mug (de)	[mʉx]
scarabée (m)	kever (de)	['kevər]
abeille (f)	bij (de)	[bɛj]
araignée (f)	spin (de)	[spin]
coccinelle (f)	lieveheersbeestje (het)	[livə'hērs·'bestʃə]

24. La flore. Les arbres

arbre (m)	boom (de)	[bōm]
bouleau (m)	berk (de)	[bɛrk]
chêne (m)	eik (de)	[ɛjk]
tilleul (m)	linde (de)	['lində]
tremble (m)	esp (de)	[ɛsp]
érable (m)	esdoorn (de)	['ɛsdōrn]
épicéa (m)	spar (de)	[spar]
pin (m)	den (de)	[dɛn]
cèdre (m)	ceder (de)	['sedər]
peuplier (m)	populier (de)	[pɔpʉ'lir]
sorbier (m)	lijsterbes (de)	['lɛjstərbɛs]
hêtre (m)	beuk (de)	['bøk]
orme (m)	iep (de)	[jep]
frêne (m)	es (de)	[ɛs]
marronnier (m)	kastanje (de)	[kas'tanjə]
palmier (m)	palm (de)	[palm]

buisson (m)	struik (de)	['strœyk]
champignon (m)	paddenstoel (de)	['padənstul]
champignon (m) vénéneux	giftige paddenstoel (de)	['xiftixə 'padənstul]
cèpe (m)	gewoon eekhoorntjesbrood (het)	[xə'wōn ē'hɔntʃes·brōt]
russule (f)	russula (de)	[rʉ'sʉla]
amanite (f) tue-mouches	vliegenzwam (de)	['vlixen·zwam]
oronge (f) verte	groene knolamaniet (de)	['xrunə 'knɔl·ama'nit]
fleur (f)	bloem (de)	[blum]
bouquet (m)	boeket (het)	[bu'kɛt]
rose (f)	roos (de)	[rōs]
tulipe (f)	tulp (de)	[tʉlp]
oeillet (m)	anjer (de)	['anjer]
marguerite (f)	kamille (de)	[ka'milə]
cactus (m)	cactus (de)	['kaktʉs]
muguet (m)	lelietje-van-dalen (het)	['leljetʃe-van-'dalən]
perce-neige (f)	sneeuwklokje (het)	['snēw·'klɔkjə]
nénuphar (m)	waterlelie (de)	['watər·leli]
serre (f) tropicale	oranjerie (de)	[ɔranʒɛ'ri]
gazon (m)	gazon (het)	[xa'zɔn]
parterre (m) de fleurs	bloemperk (het)	['blum·pɛrk]
plante (f)	plant (de)	[plant]
herbe (f)	gras (het)	[xras]
feuille (f)	blad (het)	[blat]
pétale (m)	bloemblad (het)	['blum·blat]
tige (f)	stengel (de)	['stɛŋəl]
pousse (f)	scheut (de)	[sxøt]
céréales (f pl) (plantes)	graangewassen	['xrān·xɛ'wasən]
blé (m)	tarwe (de)	['tarwə]
seigle (m)	rogge (de)	['rɔxə]
avoine (f)	haver (de)	['havər]
millet (m)	gierst (de)	[xirst]
orge (f)	gerst (de)	[xɛrst]
maïs (m)	maïs (de)	[majs]
riz (m)	rijst (de)	[rɛjst]

25. Les mots souvent utilisés

aide (f)	hulp (de)	[hʉlp]
arrêt (m) (pause)	stop (de)	[stɔp]
balance (f)	balans (de)	[ba'lans]
base (f)	basis (de)	['bazis]
catégorie (f)	categorie (de)	[katexo'ri]
choix (m)	keuze (de)	['køzə]

coïncidence (f)	**samenvallen (het)**	['samənvalən]
comparaison (f)	**vergelijking (de)**	[vɛrxə'lɛjkiŋ]
début (m)	**begin (het)**	[bə'xin]
degré (m) (~ de liberté)	**graad (de)**	[xrāt]

développement (m)	**ontwikkeling (de)**	[ɔnt'wikəliŋ]
différence (f)	**onderscheid (het)**	['ɔndərsxɛjt]
effet (m)	**effect (het)**	[ɛ'fɛkt]
effort (m)	**inspanning (de)**	['inspaniŋ]

élément (m)	**element (het)**	[ɛle'mɛnt]
exemple (m)	**voorbeeld (het)**	['vōrbēlt]
fait (m)	**feit (het)**	[fɛjt]
faute, erreur (f)	**fout (de)**	['faut]
forme (f)	**vorm (de)**	[vɔrm]

idéal (m)	**ideaal (het)**	[ide'āl]
mode (m) (méthode)	**manier (de)**	[ma'nir]
moment (m)	**moment (het)**	[mɔ'mɛnt]
obstacle (m)	**hinderpaal (de)**	['hindərpāl]
part (f)	**deel (het)**	[dēl]

pause (f)	**pauze (de)**	['pauzə]
position (f)	**positie (de)**	[pɔ'zitsi]
problème (m)	**probleem (het)**	[prɔ'blēm]
processus (m)	**proces (het)**	[prɔ'sɛs]
progrès (m)	**voortgang (de)**	['vōrtxaŋ]

propriété (f) (qualité)	**eigenschap (de)**	['ɛjxənsxap]
réaction (f)	**reactie (de)**	[re'aksi]
risque (m)	**risico (het)**	['rizikɔ]
secret (m)	**geheim (het)**	[xə'hɛjm]
série (f)	**serie (de)**	['sēri]

situation (f)	**situatie (de)**	[sitʉ'atsi]
solution (f)	**oplossing (de)**	['ɔplɔsiŋ]
standard (adj)	**standaard**	['standārt]
style (m)	**stijl (de)**	[stɛjl]
système (m)	**systeem (het)**	[si'stēm]

tableau (m) (grille)	**tabel (de)**	[ta'bɛl]
tempo (m)	**tempo (het)**	['tɛmpɔ]
terme (m)	**term (de)**	[tɛrm]

tour (m) (attends ton ~)	**beurt (de)**	['bøːrt]
type (m) (~ de sport)	**soort (de/het)**	[sōrt]

urgent (adj)	**dringend**	['driŋənt]
utilité (f)	**nut (het)**	[nʉt]
vérité (f)	**waarheid (de)**	['wārhɛjt]
version (f)	**variant (de)**	[vari'ant]
zone (f)	**zone (de)**	['zɔnə]

26. Les adjectifs. Partie 1

aigre (fruits ~s)	zuur	[zūr]
amer (adj)	bitter	['bitər]
ancien (adj)	eeuwenoude	[ēwə'naudə]
artificiel (adj)	kunstmatig	[kʉnst'matəx]
aveugle (adj)	blind	[blint]
bas (voix ~se)	zacht	[zaxt]
beau (homme)	mooi	[mōj]
bien affilé (adj)	scherp	[sxɛrp]
bon (savoureux)	lekker	['lɛkər]
bronzé (adj)	gebruind	[xə'brœynt]
central (adj)	centraal	[sɛn'trāl]
clandestin (adj)	ondergronds	['ɔndər'xrɔnts]
compatible (adj)	verenigbaar	[və'rɛnixbār]
content (adj)	tevreden	[təv'redən]
continu (usage ~)	langdurig	[laŋ'dʉrəx]
court (de taille)	kort	[kɔrt]
cru (non cuit)	rauw	['rau]
dangereux (adj)	gevaarlijk	[xe'vārlək]
d'enfant (adj)	kinder-	['kindər]
dense (brouillard ~)	dicht	[dixt]
dernier (final)	laatst	[lātst]
difficile (décision)	moeilijk	['mujlək]
d'occasion (adj)	tweedehands	[twēdə'hants]
douce (l'eau ~)	zoet	[zut]
droit (pas courbe)	recht	[rɛxt]
droit (situé à droite)	rechter	['rɛxtər]
dur (pas mou)	hard	[hart]
étroit (passage, etc.)	smal	[smal]
excellent (adj)	uitstekend	['œytstekənt]
excessif (adj)	overdreven	[ɔvər'drevən]
extérieur (adj)	buiten-	['bœytən]
facile (adj)	eenvoudig	[ēn'vaudəx]
fertile (le sol ~)	vruchtbaar	['vrʉxtbār]
fort (homme ~)	sterk	[stɛrk]
fort (voix ~e)	luid	['lœyt]
fragile (vaisselle, etc.)	breekbaar	['brēkbār]
gauche (adj)	linker	['linkər]
géant (adj)	enorm	[ɛ'nɔrm]
grand (dimension)	groot	[xrōt]
gratuit (adj)	gratis	['xratis]
heureux (adj)	gelukkig	[xə'lʉkəx]
immobile (adj)	onbeweeglijk	[ɔnbə'wēxlək]

important (adj)	belangrijk	[bə'lɑnxrɛjk]
intelligent (adj)	slim	[slim]
intérieur (adj)	binnen-	['binən]
légal (adj)	wettelijk	['wɛtələk]
léger (pas lourd)	licht	[lixt]
liquide (adj)	vloeibaar	['vlujbār]
lisse (adj)	glad	[xlat]
long (~ chemin)	lang	[lɑŋ]

27. Les adjectifs. Partie 2

malade (adj)	ziek	[zik]
mat (couleur)	mat	[mat]
mauvais (adj)	slecht	[slɛxt]
mort (adj)	dood	[dōt]
mou (souple)	zacht	[zaxt]
mûr (fruit ~)	rijp	[rɛjp]
mystérieux (adj)	mysterieus	[mistɛ'røs]
natal (ville, pays)	geboorte-	[xə'bōrtə]
négatif (adj)	ontkennend	[ɔnt'kɛnənt]
neuf (adj)	nieuw	[niu]
normal (adj)	normaal	[nɔr'māl]
obligatoire (adj)	verplicht	[vər'plixt]
opposé (adj)	tegenovergesteld	['texən·'ɔvərxəstɛlt]
ordinaire (adj)	gewoon	[xə'wōn]
original (peu commun)	origineel	[ɔriʒi'nēl]
ouvert (adj)	open	['ɔpən]
parfait (adj)	uitstekend	['œytstekənt]
pas clair (adj)	onduidelijk	[ɔn'dœydələk]
pas difficile (adj)	niet moeilijk	[nit 'mujlək]
passé (le mois ~)	vorig	['vɔrəx]
pauvre (adj)	arm	[arm]
personnel (adj)	persoonlijk	[pɛr'sōnlək]
petit (adj)	klein	[klɛjn]
peu profond (adj)	ondiep	[ɔn'dip]
plein (rempli)	vol	[vɔl]
poli (adj)	beleefd	[bə'lēft]
possible (adj)	mogelijk	['mɔxələk]
précis, exact (adj)	precies	[prə'sis]
principal (adj)	hoofd-	[hōft]
principal (idée ~e)	voornaamste	[vōr'nāmstə]
probable (adj)	waarschijnlijk	[wār'sxɛjnlək]
propre (chemise ~)	schoon	[sxōn]
public (adj)	openbaar	[ɔpən'bār]

rapide (adj)	snel	[snɛl]
rare (adj)	zeldzaam	['zɛldzām]
risqué (adj)	riskant	[ris'kant]
sale (pas propre)	vuil	[vœʏl]
similaire (adj)	gelijkend	[xə'lɛjkənt]
solide (bâtiment, etc.)	stevig	['stevəx]
spacieux (adj)	ruim	[rœʏm]
spécial (adj)	speciaal	[speʃi'āl]
stupide (adj)	dom	[dɔm]
sucré (adj)	zoet	[zut]
suivant (vol ~)	volgend	['vɔlxənt]
supplémentaire (adj)	additioneel	[aditsjo'nēl]
surgelé (produits ~s)	diepvries	['dip·vris]
triste (regard ~)	droevig	['druvəx]
vide (bouteille, etc.)	leeg	[lēx]
vieux (bâtiment, etc.)	oud	['aut]

28. Les verbes les plus utilisés. Partie 1

accuser (vt)	beschuldigen	[bə'sxʉldəxən]
acheter (vt)	kopen	['kɔpən]
aider (vt)	helpen	['hɛlpən]
aimer (qn)	liefhebben	['lifhɛbən]
aller (à pied)	gaan	[xān]
allumer (vt)	aandoen	['āndun]
annoncer (vt)	aankondigen	['ānkɔndəxən]
annuler (vt)	afzeggen	['afzɛxən]
appartenir à ...	toebehoren aan ...	['tubəhɔrən ān]
attendre (vt)	wachten	['waxtən]
attraper (vt)	vangen	['vaŋən]
autoriser (vt)	toestaan	['tustān]
avoir (vt)	hebben	['hɛbən]
avoir confiance	vertrouwen	[vər'trauwən]
avoir peur	bang zijn	['baŋ zɛjn]
battre (frapper)	slaan	[slān]
boire (vt)	drinken	['drinkən]
cacher (vt)	verbergen	[vər'bɛrxən]
casser (briser)	breken	['brekən]
cesser (vt)	ophouden	['ɔphaudən]
changer (vt)	veranderen	[və'randərən]
chanter (vi)	fluiten, zingen	['flœytən], ['ziŋən]
chasser (animaux)	jagen	['jaxən]
choisir (vt)	kiezen	['kizən]
commencer (vt)	beginnen	[bə'xinən]

comparer (vt)	**vergelijken**	[vɛrxə'lɛjkən]
comprendre (vt)	**begrijpen**	[bə'xrɛjpən]
compter (dénombrer)	**tellen**	['tɛlən]
compter sur ...	**rekenen op ...**	['rekənən ɔp]
confirmer (vt)	**bevestigen**	[bə'vɛstixən]
connaître (qn)	**kennen**	['kɛnən]
construire (vt)	**bouwen**	['bauwən]
copier (vt)	**kopiëren**	[kɔpi'erən]
courir (vi)	**rennen**	['renən]
coûter (vt)	**kosten**	['kɔstən]
créer (vt)	**creëren**	[kre'jerən]
creuser (vt)	**graven**	['xravən]
crier (vi)	**schreeuwen**	['sxrẽwən]
croire (en Dieu)	**geloven**	[xə'lovən]
danser (vi, vt)	**dansen**	['dansən]
décider (vt)	**beslissen**	[bə'slisən]
déjeuner (vi)	**lunchen**	['lʉnʃən]
demander (~ l'heure)	**vragen**	['vraxən]
dépendre de ...	**afhangen van ...**	['afhaŋən van]
déranger (vt)	**storen**	['stɔrən]
dîner (vi)	**souperen**	[su'perən]
dire (vt)	**zeggen**	['zexən]
discuter (vt)	**bespreken**	[bə'sprekən]
disparaître (vi)	**verdwijnen**	[vərd'wɛjnən]
divorcer (vi)	**scheiden**	['sxɛjdən]
donner (vt)	**geven**	['xevən]
douter (vt)	**twijfelen**	['twɛjfelən]

29. Les verbes les plus utilisés. Partie 2

écrire (vt)	**schrijven**	['sxrɛjvən]
entendre (bruit, etc.)	**horen**	['hɔrən]
envoyer (vt)	**sturen**	['stʉrən]
espérer (vi)	**hopen**	['hɔpən]
essayer (de faire qch)	**proberen**	[prɔ'berən]
éteindre (vt)	**uitdoen**	['œytdun]
être absent	**absent zijn**	[ap'sɛnt zɛjn]
être d'accord	**instemmen**	['instɛmən]
être fatigué	**vermoeid raken**	[vər'mujt 'rakən]
être pressé	**zich haasten**	[zix 'hāstən]
étudier (vt)	**studeren**	[stʉ'derən]
excuser (vt)	**excuseren**	[ɛkskʉ'zerən]
exiger (vt)	**eisen**	['ɛjsən]
exister (vi)	**existeren**	[ɛksis'tɛrən]

expliquer (vt)	verklaren	[vərˈklarən]
faire (vt)	doen	[dun]
faire le ménage	schoonmaken	[ˈsxōn·makən]
faire tomber	laten vallen	[ˈlatən ˈvalən]
féliciter (vt)	feliciteren	[felisiˈterən]
fermer (vt)	sluiten	[ˈslœytən]
finir (vt)	beëindigen	[beˈɛjndəxən]
garder (conserver)	bewaren	[bəˈwarən]
haïr (vt)	haten	[ˈhatən]
insister (vi)	aandringen	[ˈāndriŋən]
insulter (vt)	beledigen	[bəˈledəxən]
interdire (vt)	verbieden	[vərˈbidən]
inviter (vt)	uitnodigen	[ˈœytnɔdixən]
jouer (s'amuser)	spelen	[ˈspelən]
lire (vi, vt)	lezen	[ˈlezən]
louer (prendre en location)	huren	[ˈhʉrən]
manger (vi, vt)	eten	[ˈetən]
manquer (l'école)	verzuimen	[vərˈzœymən]
mépriser (vt)	minachten	[ˈminaxtən]
montrer (vt)	tonen	[ˈtonən]
mourir (vi)	sterven	[ˈstɛrvən]
nager (vi)	zwemmen	[ˈzwɛmən]
naître (vi)	geboren worden	[xəˈbɔrən ˈwɔrdən]
nier (vt)	ontkennen	[ɔntˈkɛnən]
obéir (vt)	gehoorzamen	[xəˈhōrzamən]
oublier (vt)	vergeten	[vərˈxetən]
ouvrir (vt)	openen	[ˈɔpənən]

30. Les verbes les plus utilisés. Partie 3

pardonner (vt)	vergeven	[vərˈxevən]
parler (vi, vt)	spreken	[ˈsprekən]
parler avec …	spreken met …	[ˈsprekən mɛt]
participer à …	deelnemen	[ˈdēlnemən]
payer (régler)	betalen	[bəˈtalən]
penser (vi, vt)	denken	[ˈdɛnkən]
perdre (les clefs, etc.)	verliezen	[vərˈlizən]
plaire (être apprécié)	bevallen	[bəˈvalən]
plaisanter (vi)	grappen maken	[ˈxrapən ˈmakən]
pleurer (vi)	huilen	[ˈhœylən]
plonger (vi)	duiken	[ˈdœykən]
pouvoir (v aux)	kunnen	[ˈkʉnən]
pouvoir (v aux)	kunnen	[ˈkʉnən]
prendre (vt)	nemen	[ˈnemən]

prendre le petit déjeuner	ontbijten	[ɔn'bɛjtən]
préparer (le dîner)	bereiden	[bə'rɛjdən]
prévoir (vt)	voorzien	[võr'zin]
prier (~ Dieu)	bidden	['bidən]
promettre (vt)	beloven	[bə'lɔvən]
proposer (vt)	voorstellen	['võrstɛlən]
prouver (vt)	bewijzen	[bə'wɛjzən]
raconter (une histoire)	vertellen	[vər'tɛlən]
recevoir (vt)	ontvangen	[ɔnt'faŋən]
regarder (vt)	kijken naar ...	['kɛjkən nār]
remercier (vt)	danken	['dankən]
répéter (dire encore)	herhalen	[hɛr'halən]
répondre (vi, vt)	antwoorden	['antwõrdən]
réserver (une chambre)	reserveren	[rezɛr'verən]
rompre (relations)	beëindigen	[be'ɛjndəxən]
s'asseoir (vp)	gaan zitten	[xān 'zitən]
sauver (la vie à qn)	redden	['rɛdən]
savoir (qch)	weten	['wetən]
se battre (vp)	vechten	['vɛxtən]
se dépêcher	zich haasten	[zix 'hāstən]
se plaindre (vp)	klagen	['klaxən]
se rencontrer (vp)	ontmoeten	[ɔnt'mutən]
se tromper (vp)	zich vergissen	[zih vər'xisən]
sécher (vt)	drogen	['drɔxən]
s'excuser (vp)	zich verontschuldigen	[zih vərɔnt'sxʉldəxən]
signer (vt)	ondertekenen	['ɔndər'tekənən]
sourire (vi)	glimlachen	['xlimlahən]
supprimer (vt)	verwijderen	[vər'wɛjdərən]
tirer (vi)	schieten	['sxitən]
tomber (vi)	vallen	['valən]
tourner (~ à gauche)	afslaan	['afslān]
traduire (vt)	vertalen	[vər'talən]
travailler (vi)	werken	['wɛrkən]
tromper (vt)	bedriegen	[bə'drixən]
trouver (vt)	vinden	['vindən]
tuer (vt)	doden	['dɔdən]
vendre (vt)	verkopen	[vɛr'kɔpən]
venir (vi)	aankomen	['ānkɔmən]
vérifier (vt)	checken	['tʃɛkən]
voir (vt)	zien	[zin]
voler (avion, oiseau)	vliegen	['vlixən]
voler (qch à qn)	stelen	['stelən]
vouloir (vt)	willen	['wilən]

www.ingramcontent.com/pod-product-compliance
Lightning Source LLC
Chambersburg PA
CBHW070620050426
42450CB00011B/3086